Zeit für mich

Prof. Dr. med. Dietrich Langen

Autogenes Training

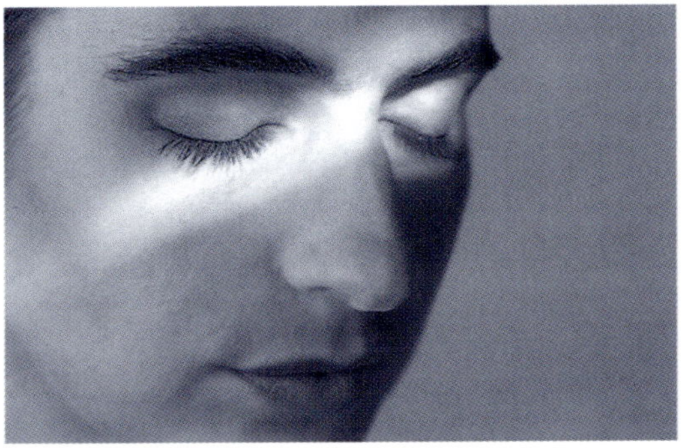

Mitarbeit: Prof. Dr. med. Karl Mann

Gondrom

Inhalt

Über dieses Buch

Dieser Ratgeber führt leicht verständlich, aber umfassend in Theorie und Praxis des vereinfachten Autogenen Trainings nach Prof. Langen ein, das jeder körperlich und seelisch Gesunde selbständig erlernen kann.
Nach der fachgerechten Vermittlung der vier Grundübungen folgt eine Anleitung für das Arbeiten mit den individuellen Formeln; angewandt in Verbindung mit den Übungen helfen sie bei der Bewältigung belastender Alltagsprobleme.
Abschließend beschreibt Dr. Mann das Autogene Training als mögliche Therapie-Maßnahme des Arztes.
Anschaulich durch: klare zweifarbige Textgestaltung, Abbildung der Übungshaltungen, freier Platz für Notizen.

Wichtiger Hinweis

Dieses Buch wendet sich mit seinen Ratschlägen an körperlich und seelisch gesunde Menschen. Wer sich in ärztlicher Behandlung befindet, oder wer sich krank fühlt, muß in jedem Fall mit seinem Arzt sprechen, bevor er mit der Ausübung des Autogenen Trainings beginnt. Der Vollständigkeit halber wird im Kapitel »Autogenes Training als Therapie« darüber informiert, bei welchen Symptomen und Erkrankungen das Autogene Training als Therapie vom Arzt eingesetzt werden kann. Unabdingbare Voraussetzungen für die Behandlung der in diesem Kapitel beschriebenen Krankheiten mit Hilfe des Autogenen Trainings ist die sachkundige Vermittlung dieser Entspannungsmethode unter strenger ärztlicher Überwachung.

Ein Wort zuvor

Im Lauf der vergangenen vierzig Jahre, in denen ich das Autogene Training vermittelt habe, ist mir als Rat für den Anfänger stets ein Satz besonders am Herzen gelegen: »*Das Wichtigste am Autogenen Training ist, daß man es macht*«. Denn was für die meisten Bereiche im Leben gilt, gilt auch fürs Autogene Training – die Erfahrungen, die jeder selbst macht, sind durch nichts zu ersetzen.

Deshalb will ich an dieser Stelle gar nicht versuchen, die berechtigten Fragen, die Sie jetzt bewegen, zu beantworten – das wird das Autogene Training im Lauf der Zeit selbst tun. Grundsätzlich gesagt werden sollte an dieser Stelle vielleicht nur folgendes:

- Das Autogene Training in seiner vereinfachten Form ist eine praktische Entspannungsmethode, die jeder Gesunde jederzeit für sich anwenden kann.

Autogenes Training nach Schultz

- Für alle, die das Autogene Training nach Schultz in der bisher praktizierten Form bereits kennengelernt haben, seien hier ein paar erklärende Worte über die vereinfachte Form gesagt, die sie nach diesem Buch selbständig erlernen können. (Detaillierte Ausführungen darüber finden Sie im »Nachwort des Autors an die Kollegen« auf Seite 84.)

In meiner Praxis habe ich immer wieder erlebt, daß viele Menschen das Autogene Training nach J.H. Schultz nicht richtig erlernten oder nicht regelmäßig durchführten und schließlich sogar wieder aufgaben. Der Grund für dieses Scheitern war oft ein ganz einfacher.

Die neue Form des Autogenen Trainings

Das Autogene Training, wie es J.H. Schultz entwickelte, ist wesentlich komplexer als die vereinfachte Form, die ich Ihnen in diesem Buch vorstellen möchte. Die ursprünglich vorgesehene Methode enthält eine Reihe von Übungen, die fast alle Organe des Körpers beeinflussen. Vor allem Bauch, Herz und Stirn sind in diese Übungen einbezogen. Und weil es dabei hier und da zu Störungen kommen kann, ist es verständlich, daß Schultz für »sein Autogenes Training« eine ärztliche Anleitung und Überwachung forderte.

Aber genau da begann für den Lernenden die doppelte Schwierigkeit: Nicht jeder hat einen Arzt in der Nähe, der ihm das Autogene Training vermitteln kann. Nicht jeder, der es nötig hätte, hat die Zeit und bringt die Geduld auf, regelmäßig zu den Übungsstunden zu gehen.

Geduld und regelmäßiges Üben

Das Autogene Training ohne Anleitung zu lernen war zu schwierig, als daß man es dem medizinischen Laien hätte allein überlassen können. So kam es, daß viele Menschen scheiterten und vorzeitig aufgaben: weil sie mit dem umfangreichen Programm nicht zurecht kamen, weil das ganze Programm für sie viel zu aufwendig war, und weil sie nicht lange genug und nicht richtig übten. Der charakteristische Entspannungseffekt kam nicht zum Durchbruch. Mehr noch: Bei manchen Menschen stellten sich unerwünschte, paradoxe Reaktionen ein. Statt der erhofften Entspannung kam es zu Nervosität und Ängstlichkeit, mitunter sogar zu Herzklopfen und Kopfschmerzen.

Andere dagegen hatten bei den ersten Übungen schon ein so starkes Entspannungsgefühl, daß sie die tiefergehenden »Organübungen«, also die Bauch-, Herz- und Stirn-Übung, gar nicht mehr brauchten. Aber weil sie angespannt darauf warteten, noch mehr zu erleben, machten sie den Anfangserfolg wieder zunichte.

Wir haben deshalb das Programm von J.H. Schultz auf nur wenige Grundübungen beschränkt – Ruhe-Übung, Schwere-Übung, Wärme-Übung, Atem-Übung – und damit die Gefahr von paradoxen Körpergefühlen reduziert; so ist mehr Mut zum Durchhalten gegeben.

Für jeden Gesunden erlernbar

Um eventuell auftauchenden Mißverständnissen entgegenzuwirken, möchte ich gleich zu Anfang betonen, daß die hier vorgestellte vereinfachte Form des Autogenen Trainings für jeden gesunden Menschen selbständig erlernbar ist; das heißt aber nicht, daß es auch von jedem ohne Anleitung durch den Arzt erlernt werden darf.

- Wer das Autogene Training mit Hilfe dieses Ratgebers selbständig erlernen möchte, muß sicher sein, daß er körperlich und seelisch gesund ist.
- Sollten Sie sich jedoch nicht im klaren darüber sein, ob der Zustand, in dem Sie sich befinden, nicht doch der Beginn einer Krankheit ist, dann bitte ich Sie, unbedingt vor Beginn des Trainings Ihren Arzt zu konsultieren. Machen Sie ihn bitte darauf aufmerksam, daß es sich um die vereinfachte Form des Autogenen Trainings handelt.
- Wer bereits wegen einer physischen oder psychischen Erkrankung in ärztlicher Behandlung ist und das Autogene Training in

Bei Zweifeln den Arzt fragen

der hier vorgestellten Form zur Unterstützung der Therapie anwenden möchte, muß vor Übungsbeginn unbedingt mit seinem Arzt darüber sprechen. Für diese Interessenten gibt es die Möglichkeit, das Autogene Training unter ärztlicher Anleitung in der Gruppe zu erlernen. Ihr Arzt kann Ihnen bei der Suche einer für Sie richtigen Gruppe behilflich sein.

- Bei welchen körperlichen und seelischen Störungen und Erkrankungen das Autogene Training zur Unterstützung der ärztlichen Therapie eingesetzt werden kann, ist im Kapitel »Autogenes Training als Therapie« (Seite 69) ausführlich erläutert.

Prof. Dr. med. Dietrich Langen

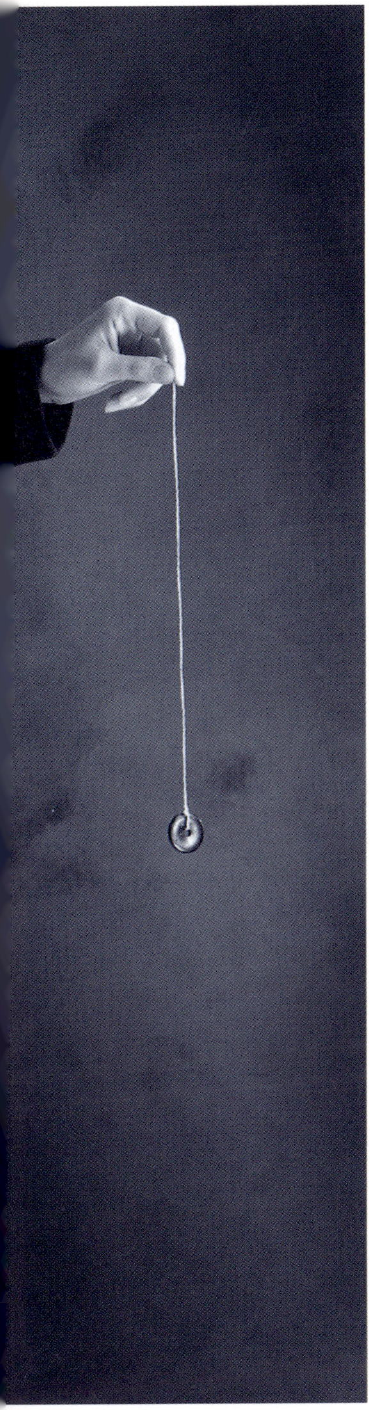

Ruhe und Kraft für den Alltag

Mit der Kraft der Gedanken Körper und Seele beeinflussen – das ist möglich mit dem Autogenen Training.
Der Pendelversuch beweist: Mit unseren Gedanken, auf die wir uns intensiv konzentrieren, können wir körperliche Bewegung bewirken, die unmerklich ausgelöst wird und unwillkürlich bleibt. Wenn wir das körperliche Geschehen beeinflussen, können wir auch geistig-seelische Veränderungen herbeiführen. Denn Körper, Geist und Seele sind untrennbar miteinander verbunden, sind eine Einheit.

Das Autogene Training

Entspannung durch Konzentration

Das Autogene Training ist eine »konzentrative Selbstentspannung«, eine Entspannungsmethode, die es jedem ermöglicht, sich selbst durch Konzentration in einen entspannten Zustand zu versetzen – mit Hilfe von bestimmten, einfachen Formeln.

■ Das Ziel des Autogenen Trainings ist es, durch regelmäßiges Üben mehrmals am Tag in den Zustand der »organismischen Gesamtumschaltung« zu kommen. Diese »Umschaltung« ist eine sowohl körperliche als auch geistige Entspannung, wie sie durch das Autogene Training zu erfahren und nur durch regelmäßiges Üben zu vervollkommnen ist. Dabei nehmen Sie die physiologischen Entspannungsvorgänge in Ihrem Körper bewußt wahr: die Hypotonie (= Abnahme der Muskelspannung) als *Schwere* und die vermehrte Durchblutung der Haut als *Wärme*.

Durch diese wohlige Besinnung auf die Schwere und auf die Wärme Ihres entspannten Körpers verlieren die Reize der Außenwelt an Bedeutung, und es kommt zu einer »organismischen Umschaltung«, einem Zustand, der dem Einschlafen verwandt ist. In dieser Entspannung kann der Körper auch untertags regenerieren, und Sie erleben eine immer bessere »affektive Resonanzdämpfung« (→ Seite 12). Auf dem Boden dieser »Umschaltung« bieten die individuellen Formeln (Wandspruchartigen Leitsätze) jedem von uns die Möglichkeit, seine Persönlichkeit weiter zu entwickeln.

Ausgleichsreaktionen im körperlichen und seelischen Bereich

Wenn Sie die zwei bis drei Minuten dauernden Übungen regelmäßig täglich durchführen, werden Sie bemerken, daß in Ihnen Ausgleichsreaktionen im Sinne einer Eutonisierung im körperlichen und seelischen Bereich auftauchen: Ihre Grundhaltung, Ihre Lebenseinstellung werden gelassener. Gleichzeitig hilft Ihnen die immer wieder stattfindende Konzentration auf die Formeln, Ihre Konzentrationsfähigkeit insgesamt zu verbessern. Zusammenfassend kann man sagen:

■ Das Autogene Training ist eine Entspannungsmethode, die den ganzen Menschen betrifft. Sie wirkt beruhigend und lösend auf den Körper und auf den seelisch-geistigen Bereich des Übenden.

Was im Körper geschieht

Beim Nervensystem des Menschen unterscheidet man das *Zentralnervensystem* vom *vegetativen Nervensystem* (Vegetativum).

- Das Zentralnervensystem (Gehirn und Rückenmark) verarbeitet unter anderem die Reize der Außenwelt und verbindet so Körper und Umwelt.
- Das vegetative Nervensystem reguliert vor allem Atmung, Blutkreislauf, Stoffwechsel, Wärme- und Wasserhaushalt des Körpers – und das auch ohne Bewußtsein und Willen des Menschen. In den Phasen der Arbeit, der Anspannung sowie der Leistungsbereitschaft überwiegt der vom *Sympathikus* gesteuerte Anteil des Vegetativums; dagegen werden Phasen der Ruhe, der Erholung, der Regeneration, der Verdauung und der Ausscheidung vom *parasympathischen* Anteil des Vegetativums bestimmt.

Der Spannungszustand der gesamten Muskulatur wird herabgesetzt

Mit Hilfe des Autogenen Trainings gelingt es allmählich, durch regelmäßiges Üben, beispielsweise auf den Spannungszustand der Muskulatur einzuwirken (Pendelversuch Seite 18). Dabei werden immer mehr Muskelfasern entspannt, die ihrerseits wiederum diesen Zustand der Entspannung über nervale Impulse bestimmten Hirnregionen mitteilen. Dies führt, sehr vereinfacht ausgedrückt, nun wiederum dazu, daß die in den betreffenden Hirnregionen zentral zusammengefaßten Funktionen von der Entspannung erfaßt werden, was letztlich zu einer Entspannung auch anderer Muskelgruppen sowie der Darm- und Gefäßmuskulatur führt. Die so zustande gekommene Verminderung des Spannungszustandes der gesamten Muskulatur (Muskeltonus) läßt sich hierdurch ebenso erklären wie die Herabsetzung des allgemeinen Wachheitsgrades (Vigilanz). Diese Phänomene wurden mit naturwissenschaftlich exakten Methoden (EMG = Elektromyogramm, Aufzeichnung des Verlaufs der Aktionsströme der Muskeln und EEG = Elektroenzephalogramm, Aufzeichnung des Verlaufs der Hirnaktionsströme) in vielen Fällen zweifelsfrei nachgewiesen.

Gewinn durch Autogenes Training

Abbau negativer Gefühle

1 Affektive Resonanzdämpfung: Diese Wirkung des Autogenen Trainings hat J.H. Schultz als positivsten Effekt genannt, womit er meinte, daß »störende« Empfindungen wie Angst, innere Unruhe oder Demprimiertsein abgebaut, zumindest aber neutralisiert werden können. Ich erzähle, um dies zu verdeutlichen, gerne das Beispiel des Waldhornisten.
Sicher kennen Sie das Waldhorn, ein mächtiges Blasinstrument, das in einem Musikstück meist sehr selten gebraucht wird. Kommt dann endlich der Einsatz, muß der Hornist auf Anhieb den richtigen Ton exakt und sauber treffen.
Versuchen Sie sich einmal vorzustellen, in was für einer Angsthaltung so mancher Waldhornist ein Konzert durchsteht. Diese »Angst des Waldhornisten vor dem Einsatz« ist ein Beispiel für genau die Form von Streß (Streß, Seite 71), die sich mit Hilfe des Autogenen Trainings sehr gut abbauen läßt (»überwacher Bewußtseinskern«, Seite 38).

2 Verbesserung der Erholungsfähigkeit: Wir leben in einer Zeit, in der die meisten Menschen ohne eine längere Mittagspause durcharbeiten. Während man früher nach einer mehrstündigen Mittagspause oder sogar erst nach einem Mittagsschlaf die Arbeit ausgeruht fortsetzte, ist heute die halbstündige Mittagspause üblich. Verlangt wird, daß in der zweiten Tageshälfte die gleiche Leistung erbracht wird wie in der ersten, doch stellen sich bei vielen Menschen natürliche Ermüdungserscheinungen ein. Wesentlich besser erholt geht man in die »zweite Runde«, wenn man in der Mittagspause mit Hilfe des Autogenen Trainings abgeschaltet hat. Der Erholungseffekt des Autogenen Trainings ist enorm groß; es ersetzt gewissermaßen einen längeren Mittagsschlaf.

Neue Energie durch Abschalten

3 Verbesserung der Schlaffähigkeit: Dies ist der dritte Effekt des Autogenen Trainings. Der Großstadtmensch kann sich den Streßfaktoren Hetze und Lärm kaum entziehen; die Folge davon sind oft Schlafstörungen. Eine Umfrage, die wir im Rahmen von Volkshochschulkursen bei »Studenten« des Autogenen Trainings machten, zeigte, daß bis zu 40 Prozent der Kursteilnehmer unter Schlafstörungen litten. Da erfahrungsgemäß gerade Menschen mit

Schlafstörungen allgemein Probleme haben, sich zu entspannen und »loszulassen«, brauchen gerade sie das Autogene Training, um wieder gut schlafen zu können.

»Loslassen« – entspannt schlafen

4 Verringerung der Schmerzwahrnehmung: Auch hierzu kann das Autogene Training sehr wirkungsvoll eingesetzt werden. Es gibt viele Lebenssituationen, in denen wir Schmerzen mildern, nach Möglichkeit sogar ausschalten möchten, zum Beispiel Frauen während der Entbindung oder wir alle, wenn wir zum Zahnarzt gehen (Wichtiger Hinweis, Seite 4).

Schmerz wird weniger wahrgenommen

Wer das Autogene Training beherrscht und es während der Behandlung beim Zahnarzt gezielt »einschaltet«, wird feststellen, daß die üblichen Schmerzen wesentlich verringert sind.

5 Verbesserung der Durchblutung: Sehr viel Menschen klagen über ständig kalte Hände oder kalte Füße. An diesem Zustand, der von den Betroffenen als sehr unangenehm empfunden wird, aber nichts Krankhaftes darstellt, leiden Frauen häufiger als Männer. Die Wärme-Übung des Autogenen Trainings kann gezielt zu einer Verbesserung der Durchblutung in Händen und Füßen eingesetzt werden.

Verbesserte Durchblutung

6 Steigerung der sportlichen Leistung: Die Erfolge von Spitzensportlern, die das Autogene Training vor Wettkämpfen anwandten, haben eindeutig bewiesen, daß man damit zu einer Verbesserung der Muskelleistung kommen kann. Auch das »Lampenfieber« vor dem Start eines Rennens und die Angst des Skispringers, bevor er in die Anlaufspur steigt, können durch die »affektive Resonanzdämpfung« des Autogenen Trainings vermindert werden.

In welchem Maße das Autogene Training zu einer Steigerung der Leistungsfähigkeit im Wettkampf führen kann, ist durch die Mitglieder der Österreichischen Skispringer-Mannschaft eindrucksvoll bewiesen worden. Auch die Treffsicherheit von Sportschützen ließ sich durch die Anwendung des Autogenen Trainings deutlich verbessern.

Gesteigerte Leistungsfähigkeit

7 Verbesserung der Lernfähigkeit: Diese Wirkung des Autogenen Trainings begrüßen vor allem Studenten sehr. Lernen heißt ja auch, seine Aufmerksamkeit voll auf das zu richten, was man lernen will. Durch kurze Übungen von etwa zwei Minuten Dauer kann man sich auf bestimmte Konzentrationen einstellen und so verhindern, daß einem »das Denken davonläuft«. Dabei ist es gleichgültig, ob Sie sich nun irgendwelche Schaltungen, die Sie in Ihrem Beruf brauchen, einprägen müssen oder ob Sie als Medizinstudent die Zweige einer Arterie lernen. Das Prinzip ist ja immer dasselbe: Die Aufmerksamkeit soll auf das fixiert werden, mit dem man sich gerade beschäftigt.

Zielgerichtete Konzentration

8 Verbesserung der Gedächtnisleistung: Diesen Effekt des Autogenen Trainings können jene Menschen erreichen, die es bereits gut beherrschen. Das heißt: Man kann das im Gehirn gespeicherte Wissen in dem Augenblick, in dem man es braucht, besser abrufen. Sie alle kennen das Phänomen, daß man den Namen eines Menschen oder einen Ausdruck vergessen hat; er »liegt einem auf der Zunge«, aber man kann ihn nicht aussprechen. Wenn Sie dann Ihre Aufmerksamkeit auf etwas anderes lenken, fällt Ihnen plötzlich ein, wonach Sie vorher krampfhaft gesucht haben. Ähnliches spielt bei Prüfungen eine Rolle; man kann einerseits durch die »affektive Resonanzdämpfung« und andererseits durch die verbesserte Abrufbarkeit dessen, was man gelernt hat, zu einer Steigerung der Leistungsfähigkeit kommen.

Wissen rasch abrufbar

Hilfe bei persönlichen Problemen

Schließlich möchte ich noch auf eine besondere Wirkung des Autogenen Trainings hinweisen, die wegen ihrer großen Bedeutung in einem ausführlichen Kapitel (Seite 58) beschrieben wird: Es ist das, was Schultz die »formelhaften Vorsatzbildungen« genannt hat und was ich in diesem Buch die »individuellen Formeln« nenne.
Keiner von uns ist vollkommen; jeder hat irgend etwas, das ihn stört und das er vielleicht gerne abstellen oder verbessern möchte. Wer Schlafschwierigkeiten hat, möchte wieder gut schlafen können. Der Raucher möchte sich das Rauchen abgewöhnen, der

Die Persönlichkeit festigen

Nervöse ruhiger werden; wer an einem leichten Stottern leidet, möchte eine bessere Sprechfähigkeit bekommen. Und alles das kann man dadurch erreichen, daß man die entsprechende »Formel« in das Autogene Training hineinnimmt.

■ Jeder kann sich seine »individuelle Formel« selbst bilden und mit ihr arbeiten. Wie das gemacht wird, zeige ich Ihnen, nachdem Sie die Übungen des Autogenen Trainings beherrschen, im Kapitel »Die individuellen Formeln« auf Seite 58.

Das also ist ein kurzer Überblick über die Zielvorstellungen des Autogenen Trainings.

Abschalten, loslassen, erholen

**»Das Wichtigste am Autogenen Training ist, daß man es macht« – diesen einfachen Satz von Professor Langen sollten Sie täglich beherzigen.
Wichtig allerdings ist auch das Wie des Übens.
Die »konzentrative Selbstentspannung« kann Ihnen in belastenden Alltagssituationen und bei persönlichen Problemen nur dann wirklich helfen, wenn Sie mit wichtigen Voraussetzungen für die Übungspraxis vertraut sind. Ist das der Fall, werden Sie die wohltuende Wirkung des Autogenen Trainings Tag für Tag deutlicher erfahren.**

Das müssen Sie vor dem Üben wissen

Lassen Sie uns mit einem »Vorversuch« beginnen, der Ihnen den inneren Mechanismus des Autogenen Trainings anschaulich und verständlich macht.

Der Pendelversuch

Ein Vorversuch

▶ Nehmen Sie einen zwanzig bis dreißig Zentimeter langen Faden; befestigen Sie an einem Ende einen Gegenstand, einen Schlüssel, einen Siegelring oder ähnliches, halten Sie das andere Ende zwischen Daumen und Zeigefinger; der Arm ist dabei ausgestreckt und zeigt leicht nach oben. Nun beobachten Sie Ihr »Pendel« und konzentrieren Sie sich innerlich auf den Selbstbefehl:

**Das Pendel schwingt
von rechts nach links**

Diese Gedanken wiederholen Sie mehrmals konzentriert. Sobald das Pendel zu schwingen beginnt, bringen Sie es durch Konzentration auf folgende Formeln wieder zur Ruhe:

**Das Pendel bewegt
sich weniger,
... kaum noch,
... es hängt still**

Und nun konzentrieren Sie sich wiederum mehrmals auf das Gegenteil:

**Das Pendel schwingt
von vorne nach hinten –
immer stärker
von vorne nach hinten**

Bewegung durch Konzentration

Sobald Ihr Pendel vor und zurück schwingt, konzentrieren Sie sich abschließend mehrmals auf den Gedanken:

**Das Pendel schwingt
im Kreis**

Wenn Sie sich richtig konzentriert haben, wird das Pendel in jeder von Ihnen gewünschten Bewegung schwingen.
Beenden Sie den Versuch mit der Rücknahme (Seite 21).

Bitte beachten
Lesen Sie bitte erst weiter, wenn Sie den Versuch – erfolgreich – durchgeführt haben. Die weiteren Übungen des Autogenen Trainings werden Ihnen dadurch leichter fallen.

Was dabei im Körper geschieht

Folgende Schlußfolgerung können Sie aus dem von Ihnen soeben durchgeführten Pendelversuch ziehen, wenn er »geklappt« hat:

■ Ein intensiver Gedanke, eine Konzentration, kann eine deutliche körperliche Bewegung bewirken, die unmerklich ausgelöst wird und unwillkürlich bleibt. Mit anderen Worten:

- Reines Denken kann das Körpergeschehen beeinflussen.
- Jeder Mensch hat Reaktionen, die seiner bewußten Kontrolle entzogen sind.
- Diese Reaktionen sind durch Konzentration beeinflußbar.

Mit diesem ersten psychobiologischen Grundgesetz haben Sie bereits das Wichtigste des Autogenen Trainings erlebt: Daß ein Gedanke sich im Körper auswirken kann. Genau das tut nämlich diese »konzentrative Selbstentspannung«, wie das Autogene Training auch genannt wird: Sie wirkt auf Muskulatur und Blutgefäße ein und verändert das Körpergeschehen. Und wenn Sie Ihr Körpergeschehen wirksam beeinflussen können, werden Sie auch lernen, seelische Veränderungen herbeizuführen.

Beeinflussung von Körper und Seele

So wirken die Formeln

Das Autogene Training beruht wesentlich auf diesem ersten psychobiologischen Grundgesetz:

■ Ein Gedanke, ein Gefühl oder eine Konzentration haben die Tendenz, sich im Körper auszuwirken. Je prägnanter, knapper und monotoner ein Gedanke ist, desto stärker ist die Reaktion auf ihn.

Deshalb arbeiten wir im Autogenen Training mit wenigen Formeln, die Sie mit den entsprechenden Übungen lernen werden.
Die konzentrative Selbstentspannung wirkt auf Muskulatur und Gefäßsystem des Körpers ein. Zudem kommt es außer zur Entspannung der Körpermuskulatur und des Gefäßsystems auch zu einer Veränderung in

Das müssen Sie vor dem Üben wissen

seelischen Bereichen, weshalb ich das Autogene Training auch lieber eine konzentrative Selbstversenkung nenne.
Was bei den einzelnen Übungen im Detail in Ihrem Körper geschieht, und welche positiven Auswirkungen Sie für Ihre Psychohygiene erwarten dürfen, schildere ich Ihnen bei der Besprechung der jeweiligen Übung (Schwere-Übung, Seite 35 und Wärme-Übung, Seite 46).

Den eigenen Lerntyp finden

Um die Formeln – so knapp sie sind – optimal lernen zu können, müssen Sie zunächst wissen, daß die meisten Menschen ihre Sinnesorgane, also zum Beispiel Auge und Ohr, unterschiedlich nutzen.

Wo liegt Ihre Begabung?

- Die einen sind eher optisch orientiert, nehmen einen neuen Stoff also am besten über das Auge auf.
- Die anderen sind akustisch begabt, bei ihnen bleibt das gesprochene Wort am besten haften.
- Wieder andere lernen, indem sie umhergehen oder Worte, die sie lernen müssen, innerlich »mitschreiben«; das sind die motorisch begabten Menschen.

Üben Sie die Formeln des Autogenen Trainings so, wie es Ihrem Typ entspricht: Sind Sie eher optisch begabt, üben Sie am besten, indem Sie sich die Formel vor Ihrem geistigen Auge vorstellen. Akustisch orientierte Menschen sprechen sie sich langsam vor. Und die motorisch begabten Menschen helfen sich, indem sie die Formeln auf ein Blatt Papier schreiben und während der Übung »mitlesen«. Probieren Sie ruhig aus, was Ihnen am besten hilft.

▶ Während der Übung selbst sprechen Sie die Formeln *nicht laut*: Sie konzentrieren sich nur innerlich auf den Wortlaut, Sie »konzentrieren die Formel«.

Für Fortgeschrittene stellt die Zuhilfenahme der Atmung eine weitere Vereinfachung und Vertiefung der Arbeit mit den Formeln dar (Richtig atmen, Seite 38).

Die Rücknahme

Vor den Übungen lernen

Bitte wundern Sie sich nicht, daß Sie die Rücknahme vor den eigentlichen Übungen lernen sollen. Aber wenn Sie sie nicht richtig beherrschen, könnten nach den Übungen Benommenheit und Müdigkeit zurückbleiben, und das ist genau das Gegenteil von dem, was Sie mit dem Autogenen Training erreichen wollen.

In diesem Zusammenhang ist die Bedeutung eines kräftigen und konsequenten Zurücknehmens von vielen Autoren unterstrichen worden, und es sei auch an dieser Stelle nochmals deutlich betont, wie wichtig die richtige Rücknahme für Ihren Erfolg mit dem Autogenen Training ist.

Wiederherstellen des aktiven Bewußtseins

Der Grund: Man kann sagen, daß die Übungen des Autogenen Trainings zu einer Art Selbstversenkung führen, aus der Sie jedesmal nach wenigen Minuten mit klarem Kopf wieder herauskommen müssen. Wird die Rücknahme nicht exakt und kräftig gemacht, bleiben Ihr Körper und Ihr Bewußtsein bis zum nächsten Schlaf in diesem Entspannungszustand.

Sollten Sie also die Rücknahme einmal nicht exakt ausgeführt haben und sich noch etwas müde und benommen fühlen, wiederholen Sie den Vorgang intensiv. Um die Selbstversenkung zu beenden, müssen Sie sich am Ende jeden Übens hintereinander drei Selbstbefehle geben und sie ausführen:

Die Rücknahme-Formel

Arme fest! –
Tief ein- und ausatmen! –
Augen auf!

Diese Rücknahme, die auf Seite 22/23 in allen Phasen abgebildet ist, wird am Ende jeder Übung vorgenommen und bleibt immer gleich, gleichgültig welche Tiefe der Selbstversenkung Sie erreichen und welche Formeln Sie anwenden.

Einzige Ausnahme: Wenn Sie vor dem Einschlafen üben, nehmen Sie nicht zurück, sondern legen sich zum Schluß bequem zum Einschlafen zurecht.

Das ist zum Beispiel wichtig, wenn Schlafstörungen mit Autogenem Training behandelt werden.

Das müssen Sie vor dem Üben wissen

Ob im Liegen oder im Sitzen – nach zwei bis drei Minuten beenden Sie jede Übung mit folgenden drei Schritten:

Die Rücknahme

Arme fest!

Mit diesem gedachten Befehl strecken Sie die Arme aus und ballen die Fäuste. Dann ziehen Sie die Arme mehrmals mit Schwung an den Körper heran.

Tief ein- und ausatmen!

Mit diesem gedachten Befehl atmen Sie tief und deutlich hörbar ein – und aus (2- bis 3mal).

Augen auf!

Bei diesem letzten Befehl für die Rücknahme öffnen Sie die Augen und stellen damit den Kontakt zur Außenwelt wieder her.

Richtig üben

Regelmäßig üben!

Vielleicht erinnern Sie sich: »Das Wichtigste am Autogenen Training ist, daß man es macht«, mit diesen Worten habe ich die Ausführungen dieses Buches begonnen, und ich möchte sie Ihnen nochmals ans Herz legen.
Fragen Sie sich jetzt aber bitte nicht, wie lange es dauern wird, bis Sie das Autogene Training wirklich können. Setzen Sie sich beim Üben nicht unter Erfolgsdruck – jeder Mensch lernt anders und in einem anderen Tempo.

Jeder Mensch lernt anders

■ Beim Autogenen Training kommt es entscheidend auf die Regelmäßigkeit an, mit der Sie üben – wobei es gleichgültig ist, ob Sie die eine oder andere Übung schon nach wenigen Tagen oder erst nach einer Woche beherrschen. Wichtig ist nur, daß Sie sich nicht entmutigen lassen, wenn sich der gewünschte Erfolg nicht so schnell einstellt, wie Sie es erwarten. Üben Sie bitte ohne Hast, aber regelmäßig und mit Vertrauen in die Methode und zu sich selbst. Haben Sie Geduld, Sie wissen ja: Übung macht den Meister. Und: Ungeduld ist der Feind jeder Entspannung. Insofern ist Geduld, die Sie jetzt für sich selbst aufbringen, das Wichtigste.

Sie brauchen Geduld!

Wann üben?

Regelmäßigkeit hilft, sich an etwas Neues zu gewöhnen. Bisher hat es sich immer wieder herausgestellt, daß es günstig ist, für die Übungen des Autogenen Trainings die natürlichen Einschnitte im Tagesablauf zu nutzen. Wahrscheinlich bieten sich auch bei Ihnen als »ideale Trainingszeiten« an:

- die Zeit nach dem Aufwachen,
- die Mittagspause,
- die Zeit vor dem Einschlafen.

Ideale »Trainingszeiten«

Neue wissenschaftliche Untersuchungen haben übrigens gezeigt, daß für den Anfänger das Üben nach dem Mittagessen und vor dem Schlafengehen am besten ist.

Morgenmuffel oder Frühaufsteher?

Morgens zu beachten: Es gibt zwei Arten von Menschen in bezug auf die Wach-Schlaf-Steuerung. Die einen sind Schwererwacher, die anderen sind Leichterwacher. Wir alle kennen sie als »Morgenmuffel« oder als »Frühaufsteher«. Frühaufsteher, also diejenigen unter uns, die morgens wach und aktiv sind, werden das morgendliche Üben des Autogenen Trainings im Bett als wohltuend empfinden: Sie sammeln ihre Kräfte, begrüßen ihren Körper und »klären den Kopf« für den vor ihnen liegenden Tag.
Wer dagegen morgens schlecht aus den Federn kommt, muß versuchen, seine natürliche morgendliche Schläfrigkeit durch das Autogene Training nicht zu verstärken! Denn wer, auf dem Rücken liegend, die Augen wieder schließt und sagt: »Ich bin ganz ruhig, rechter Arm ist schwer«, für den besteht natürlich die Gefahr, daß er wieder einschläft.
Als Schwererwacher – es sind meist jüngere Menschen – sollten Sie sich an folgende Grundregel halten:
Die Übungen nicht im Bett machen, denn dann könnte es passieren, daß Sie während der Ruheübung wieder einschlafen. Sie sollten nach dem Aufwachen lieber erst aufstehen, duschen (wer's mag und aushält – kalt oder warm-kalt im Wechsel), frühstücken und danach erst die Übungen im Sitzen durchführen.

Tip:
Für alle, die morgens hetzen, kann es hilfreich sein, den Wecker fünf Minuten eher klingeln zu lassen. Diese fünf Minuten, die Sie auf diese Weise gewinnen, geben Ihnen den ganzen Tag das Gefühl, daß das Autogene Training eigentlich gar keine zusätzliche Zeit beansprucht.

Mittags zu beachten: Obwohl man nicht länger als drei bis fünf Minuten braucht, um das vereinfachte Autogene Training einmal komplett durchzuführen, ist es gerade mittags schwierig, fünf Minuten völliger Ruhe zu finden. Das Telefon klingelt, Kollegen schauen herein; die Kinder kommen aus der Schule, oder man hat noch einzukaufen. Ob Sie zu Hause sind oder am Arbeitsplatz – überall herrschen dann Aktivität und Unruhe.

Richtig üben

Diese Probleme muß jeder, seiner Arbeitssituation entsprechend, zu regeln versuchen.

Oft hilft nur Egoismus!

Meist hilft da nur, radikal egoistisch zu sein, und sich ganz bewußt einige Minuten für sich selbst zu »nehmen«.

Wenn Sie mittags am Arbeitsplatz üben müssen, sollten Sie versuchen, das Telefon umzuleiten und in einem Raum allein zu sein (das kann auch die Toilette sein), damit Sie vier oder fünf Minuten wirklich ungestört sind und nicht von anderen Menschen beobachtet werden (später wird Ihnen das wahrscheinlich gar nichts mehr ausmachen).

Wenn Sie zu Hause üben können, überprüfen Sie Ihren Tagesablauf um die Mittagszeit. Sicher finden Sie ein immer wiederkehrendes »Loch«, in dem das Autogene Training Platz hat. Seien Sie kreativ und beharrlich – es geht um Sie!

▶ Abends zu beachten:
Wenn der Tag zu Ende ist und Sie zu Bett gehen, könnte die letzte Handlung vor dem Einschlafen das Autogene Training sein. Sie nehmen dann noch einmal Kontakt zu Ihrem Körper auf, beruhigen den Geist und lassen den Tag ebenso positiv ausklingen, wie Sie ihn begonnen haben. Wenn Sie gern vor dem Einschlafen im Bett noch etwas lesen, dann führen Sie die Übungen durch, nachdem Sie das Licht ausgeschaltet haben. Sie können sich dabei auf den Rücken legen und sich – ohne Rücknahme! – nach Erreichen der nötigen »Bettschwere« gleich in Ihre gewohnte Schlafhaltung kuscheln.

Abends keine Rücknahme!

Wo üben?

Am Anfang ist alles für Sie noch neu; deshalb ist es hilfreich, möglichst viele Außenreize auszuschalten, bevor Sie mit einer Übung beginnen. Erfahrungsgemäß ist unser Lieblingsplatz der Ort, an dem wir auch am besten zur Ruhe kommen. Ob Sie nun einen Ohrensessel, die gemütliche Couch, Ihre Meditationsecke oder einen einfachen alten Holzstuhl »lieben« – ziehen Sie sich dorthin zurück und machen Sie es sich bequem.

Sie werden allmählich unabhängig von Äußerlichkeiten

Nach einiger Zeit des Übens werden Sie merken, daß Sie beim Autogenen Training unabhängig sind von äußeren Einflüssen. Sie können es schon bald jederzeit und überall ausüben.

Vielleicht wundern Sie sich, daß Sie nicht mehr »Aufhebens« als Vorbereitung machen sollen. Aber je größeren Wert Sie zu Beginn auf Äußerlichkeiten legen, desto größer ist die Gefahr von Suggestionen, die Sie später nicht mehr aufheben können.

Machen Sie Autogenes Training zu einem Teil Ihres Tagesablaufs

Ziehen Sie sich also nicht um, ziehen Sie die Vorhänge nicht zu – verhalten Sie sich im Gegenteil möglichst natürlich. Sie werden sehen, daß das Autogene Training rasch zu einem selbstverständlichen Teil Ihres Tagesablaufes wird.

Wie lange üben?

Voraussetzung für die Wirksamkeit der Übungen ist die Konzentrationsfähigkeit, die Sie aufbringen.
Da man als Anfänger nur sehr kurze Zeit wirklich fähig ist, sich ganz und gar auf einen Gedanken zu konzentrieren (und die von ihm ausgelösten Körperempfindungen nachzufühlen), sollten Sie am besten dreimal täglich für die Dauer von zwei bis drei Minuten üben. Länger ist nicht sinnvoll, weil danach Ihre Gedanken in aller Regel davonwandern.

■ Bei den empfohlenen zwei bis drei Minuten kommt es natürlich nicht auf die Sekunde an. Sie sollten nur darauf achten, eine Übungsdauer von zwei Minuten nicht zu unterschreiten. Dabei wird Ihnen schon bald ein bestimmter Nebeneffekt des Autogenen Trainings zu Hilfe kommen: Ihre innere Uhr wird präziser arbeiten als bisher. Sie werden sehen, nach einer Weile sagt Ihnen dieses innere Signal zunehmend genauer, wann die Übungszeit vorüber ist.

Wie schon gesagt: Jeder gesunde Mensch kann diese vereinfachte Form des Autogenen Trainings erlernen. Das Autogene Training ist eine Art Selbsthilfe gegen die kleinen Störungen des Alltags, gegen schlechte Angewohnheiten und zur Entwicklung von Selbstgefühl und Mut.
Wenn Sie jedoch nicht ganz sicher sind, ob Sie wirklich gesund sind, sollten Sie sich vor dem Beginn des Übens gründlich untersuchen lassen. Ihr Arzt wird Sie beraten. Sprechen Sie bitte auch mit Ihrem Arzt, wenn Sie während des Übens plötzlich bemerken, daß Ihnen die eine oder die andere Übung doch nicht so gut bekommt, wie Sie das erhofft haben.
Sagen Sie Ihrem Arzt aber auch, daß es sich hier um eine vereinfachte Form des Autogenen Trainings handelt, bei dem die »Organübungen«, wie J.H. Schultz sie entwickelt hat, weggelassen wurden.

Die Übungshaltungen

Liegen oder aufrecht sitzen –

Da es beim Autogenen Training darauf ankommt, sich gut zu entspannen, ist es hilfreich, die körperliche Entspannung durch bestimmte Übungshaltungen zu fördern. Im folgenden stelle ich Ihnen vier Haltungen vor, die sich für das Autogene Training als besonders geeignet erwiesen haben, da sie es jedem ermöglichen, die körperlichen Entspannungsvorgänge intensiv wahrzunehmen.

Viermal dürfen Sie wählen

Sie können die Übungen des Autogenen Trainings im Liegen oder im Sitzen durchführen. Während es für das Liegen nur eine optimale Haltung gibt, nämlich die Rückenlage (Foto Seite 29), haben Sie für das Sitzen die Wahl, ob Sie in der besonders entspannenden Droschkenkutscher-Haltung (Foto Seite 30), in aufrechter entspannter Haltung (Foto Seite 31) oder in der »Flegelhaltung« (Foto Seite 32) üben möchten.

► Es ist wichtig, daß Sie im Laufe der Zeit alle drei Positionen gut einüben, denn damit schaffen Sie die Voraussetzung, das Autogene Training zu allen Tageszeiten und in allen Situationen einsetzen zu können. Wenn Sie erst die Umschaltung, das Wichtigste am Autogenen Training, richtig gelernt haben, werden Sie merken, daß es keine Rolle mehr spielt, in welcher Haltung Sie Ihre Übungen durchführen.

– ganz ohne Muskelanspannung

Liegehaltung

- Legen Sie sich bequem auf den Rücken – die Fußspitzen lassen Sie einfach auseinanderfallen.
- Legen Sie die Arme locker neben den Körper – die Hände mit den Handinnenflächen auf die Unterlage.
- Schließen Sie die Augen.

Die Liegehaltung

Sie liegen entspannt auf dem Rücken, und zwar flach, nicht auf einer Seite, damit eine gewisse Symmetrie gewahrt bleibt. Bei dieser Liegehaltung, bei der die Beine ausgestreckt sind, fallen die Fußspitzen leicht nach außen (wenn seine Fußspitzen nach außen zeigen, ist ein auf dem Rücken liegender Mensch entspannt). Die Arme liegen locker – also nicht in einer Habtachtstellung, sondern ganz gelöst – neben dem Körper, die Handinnenflächen zeigen zur Unterlage.

Der Kopf liegt entweder auf einem flachen Kopfkissen oder direkt auf der Unterlage, je nachdem wie man es gewöhnt ist. Wer ein Kopfkissen benutzt, sollte aber vermeiden, den Hinterkopf in das Kissen hineinzudrücken, da es sonst zu Spannungen der Nackenmuskulatur kommen kann. Bei Rückenproblemen legen Sie besser je ein Kissen unter Kopf und Knie. Der Blick ist zunächst geradeaus zur Decke gerichtet, dann werden die Augen geschlossen.

Die Droschkenkutscher-Haltung

Die Droschkenkutscher-Haltung ist besonders unkompliziert. Ein einfacher Hocker ohne Lehne reicht aus.
J.H. Schultz hat diese Körperhaltung den Droschkenkutschern abgeschaut, die auf dem Kutschbock (der ja auch keine Lehne hat) ein Nickerchen machten, während sie auf Kunden warteten. Wenn Sie es richtig machen, werden Sie feststellen, daß Sie in dieser Haltung ganz gelöst sitzen, ohne einen Muskel anzuspannen.
Natürlich müssen Sie nun keinen Hocker besorgen! Sie können die »Droschkenkutscher-Haltung« auf jeder anderen Sitzgelegenheit einnehmen. Wichtig dabei ist nur, daß Sie nicht von einer Armlehne gestört werden.

Droschkenkutscher-Haltung

- Rutschen Sie auf den vorderen Teil der Sitzfläche, setzen Sie die Füße mit der ganzen Sohle fest auf den Boden auf – die Unterschenkel senkrecht – und lassen Sie die Beine leicht auseinander fallen.
- Legen Sie die Arme entspannt auf den Oberschenkeln auf, daß die Hände nach innen herunterhängen, ohne einander zu berühren.
- Halten Sie sich zunächst gerade, lassen Sie sich dann langsam zusammensinken.
- Der Kopf ist bei gelöster Nackenmuskulatur nach vorne herabgesenkt.
- Schließen Sie die Augen.

Die Sitzhaltung

Neben der Droschkenkutscher-Haltung (Seite 30) gibt es weitere Möglichkeiten, das Autogene Training im Sitzen auszuüben. Suchen Sie sich die Haltung aus, die Ihnen am angenehmsten ist.
Es kommt sicher auf die Situation an, in der Sie es ausüben. Vielleicht wollen Sie, wenn Sie es sicher beherrschen, sich mal zwischendurch mit Hilfe des Autogenen Trainings »erfrischen« – während eines anstrengenden Arbeitstages, vor einem wichtigen Termin, nach vielleicht etwas mühevollen

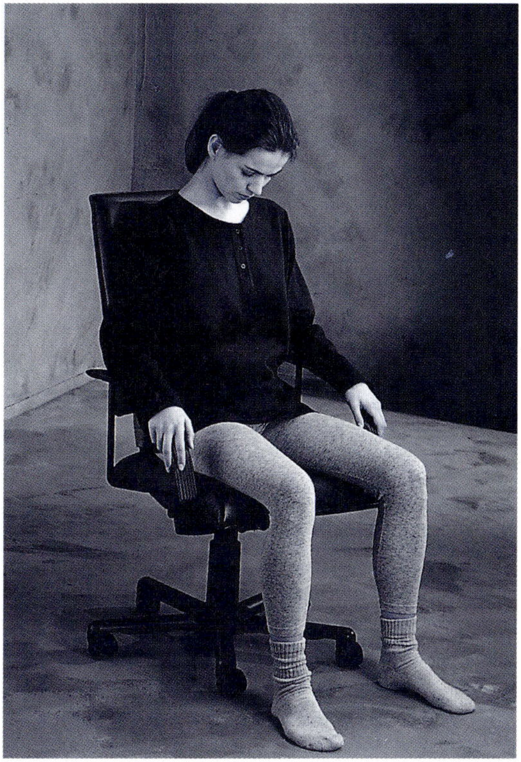

Stunden, in denen Sie mit Ihrem Kind Hausaufgaben gemacht haben.
Zum Üben in der aufrechten Sitzhaltung wählen Sie einen bequemen Stuhl oder einen Bürostuhl mit Armlehne, auf dem Sie wirklich gut entspannt und gelöst sitzen können.

Sitzhaltung

- Rutschen Sie mit dem Gesäß auf der Sitzfläche nach hinten.
- Richten Sie sich hoch auf, lehnen Sie dann den Rücken bequem an.
- Strecken Sie die Beine so weit nach vorne, daß Sie sich entspannt fühlen, aber noch guten Bodenkontakt mit den ganzen Fußsohlen haben.
- Entscheiden Sie, ob Ihre Arme entspannter auf den Stuhllehnen oder auf den Oberschenkeln ruhen.
- Lassen Sie den Kopf locker und leicht an die Rückenlehne sinken, falls sie hoch genug ist; lassen Sie ihn sonst leicht nach vorne sinken.
- Schließen Sie die Augen.

Die Flegelhaltung

Nach einiger Zeit des Übens sind Sie beim Autogenen Training unabhängig von äußeren Einflüssen und können es überall und jederzeit durchführen. Je unkomplizierter Sie diese Methode »angehen«, desto selbstverständlicher gehört sie in Ihren Alltag. Selbst in einer Haltung, die eher als »salopp« zu bezeichnen ist, können Sie üben.
Falls Sie keinen Stuhl in der Nähe haben: Sie können auf jedem beliebigen Sessel in der »Flegelhaltung« entspannen.

Flegelhaltung

- Setzen Sie sich bequem zurecht.
- Lehnen Sie Ihren Rücken an die Sessellehne.
- Legen Sie die Hände bequem auf die Armlehnen.
- Der Kopf liegt entspannt an der Rückenlehne, falls sie hoch genug ist; lassen Sie ihn sonst leicht nach vorne sinken.
- Schließen Sie die Augen.

Die Ruhe-Übung

Wenn Sie nach dem Pendelversuch (Seite 18) von der Wirksamkeit des Autogenen Trainings überzeugt sind und die Rücknahme beherrschen (Seite 21) sind Sie gut vorbereitet, um jetzt die Übungen des Autogenen Trainings in seiner vereinfachten Form kennenzulernen:

- die Ruhe-Übung
- die Schwere-Übung
- die Wärme-Übung
- die Atem-Übung.

Zu jeder Übung – die ersten beiden werden Sie gleich hintereinander lernen – gibt es spezielle Hilfestellungen:

▶ Ich beschreibe Ihnen, wie Sie die einzelnen Übungen wahrscheinlich erleben werden, was Sie dabei empfinden, was während der Übung im Körper geschieht und was Sie tun müssen, wenn Ihnen die Übungen nicht so recht gelingen wollen, wenn es also Schwierigkeiten gibt. Falls keine Unregelmäßigkeiten beim Üben auftreten, können Sie diese Textpassagen übergehen und mit der jeweils nächsten Übung weitermachen.

Was Ihnen die Übung bringt

Die Ruhe-Übung ist zunächst vor allem eine atmosphärische Einstimmung auf das Autogene Training. Sie schaffen damit in sich einen Zustand, der sich von der äußeren aktiven, teilweise hektischen Situation des alltäglichen Lebens deutlich unterscheidet.

Sie teilen Ihrem Körper mit, daß Sie jetzt Ruhe und Konzentration brauchen, und schaffen damit die innere Situation der Entspannung und der Sammlung als Vorbereitung auf die unmittelbar anschließende Schwere-Übung.

Entspannung und Sammlung

Die Ruhe-Konzentration

Vorbereitung

▶ Machen Sie es sich jetzt an Ihrem Ruheplatz bequem (Seite 26). Nehmen Sie nun jene Übungshaltung (Seite 28) ein, die Ihnen am meisten zusagt

Die Ruhe-Übung

Formulieren Sie einen gewünschten Zustand als gegenwärtig

(oder die Ihnen im Moment möglich ist). Sind Sie bereit? Dann lesen Sie sich die Ruhe-Formel (noch einmal) durch. Übernehmen Sie die Ruhe-Formel bitte wörtlich! Den Zustand, den man erreichen will, muß man sich als gegenwärtig vorstellen, und deshalb muß Ihre Formel lauten: »Ich bin ganz ruhig«.
Denken Sie daran, daß abweichende Formulierungen Sie nicht zum gewünschten Ziel bringen würden.
Sollten Sie sich statt dessen auf den Satz konzentrieren: »Ich werde ganz ruhig«, ist diese Botschaft auf die Zukunft bezogen, und vielleicht reagieren Sie dann erst am nächsten Tag!

Die Ruhe-Formel

Wenn Sie die Augen geschlossen haben, konzentrieren Sie sich auf die Formel:

Ich bin ganz ruhig

Führen Sie die Übung mit der anschließenden Schwere-Übung (Seite 35) weiter, und beenden Sie sie, wie auf Seite 21 angegeben, mit der Rücknahme.

Unberührte Natur ist unser bestes Vorbild für Harmonie – alles ist stimmig, ausgewogen sind Bewegung und Ruhe. Diese Harmonie sollten wir auch in uns tragen, sie ist der beste Schutz gegen Alltagsstreß und seine Folgen.

Die Schwere-Übung

Ungewohnte Veränderungen annehmen

Auch wenn sich nicht sofort eine innere Ruhe einstellt (nach etwa einer Minute), sollten Sie nach der Ruhe-Übung die Schwere-Übung durchführen. Gerade am Anfang werden Sie die eintretende Ruhe nicht deutlich spüren; es kann sein, daß Sie Ruhe überhaupt nicht wahrnehmen. Wenn das so ist, zweifeln Sie nicht an der Wirksamkeit des Autogenen Trainings: Die Übungen und die dadurch ausgelösten Veränderungen sind Ihnen noch ungewohnt. Geist und Körper sind noch nicht aufeinander »eingeschworen« – möglicherweise blockieren Sie sich durch eine gewisse Skepsis selbst in der Hingabe an Ihr Erleben (»Ob das wohl funktioniert?«). Wenn Sie Ihre Körperwahrnehmung auf eine bestimmte Stelle lenken, nehmen Sie dort die Veränderungen am deutlichsten wahr. Da die Arme den meisten von uns »liebe und vertraute« Körperteile sind, sollten sich Linkshänder auf den linken, Rechtshänder auf den rechten Arm konzentrieren.

Die Schwere-Konzentration

Die Schwere-Formel

Beginnen Sie mit den Armen

Konzentrieren Sie:

Mein rechter (linker) Arm ist schwer

Die Rücknahme

Nach zwei oder drei Minuten fühlen Sie sich ruhig, Ihr Arm ist schwer. Geben Sie sich nun die Befehle zur Rücknahme:

Arme fest

Fäuste ballen, Arme mehrmals mit Schwung an den Körper heranziehen.

Tief ein- und ausatmen

Bewußt tief ein- und wieder ausatmen – mehrmals.

Augen auf

Augen weit öffnen, wieder Kontakt mit der Umwelt aufnehmen.

Was dabei im Körper geschieht

Als Vorboten und normale Begleiterschcinungen des beginnenden Schwere-Erlebnisses stellen sich folgende Phänomene ein:

Begleiterscheinungen des Schwere-Erlebnisses

Ein leichtes Kribbeln taucht in den Fingern des rechten (oder linken) Armes auf. Im Unterarm, im Ellenbogen oder in der Schulter spüren Sie ein leichtes Ziehen, und Sie haben das Gefühl, daß Ihre Hand und Ihr Unterarm an Volumen zunehmen, »wachsen«, »größer werden«.

Diese körperlichen Reaktionen erklären sich aus dem, was beim Autogenen Training im Körper geschieht (Seite 11).

■ Zusammenfassend kann man sagen, daß durch das Autogene Training ein gewisser Einfluß auf zuvor unwillkürlich ablaufende Vorgänge im vegetativen Nervensystem ausgeübt wird. Es kommt dabei im wesentlichen zu einem allmählichen Überwiegen des parasympathischen Anteils im vegetativen Nervensystem mit allen daraus ableitbaren körperlichen Folgezuständen.

Dies sind im einzelnen:

- Pupillenverengung,
- Blutdrucksenkung,
- Atmungsverlangsamung,
- Speichelfluß sowie
- Senkung des Spannungszustandes im Skelettmuskelsystem.

Weiterhin konnten nachgewiesen werden:

- Absinken der »Kerntemperatur« (Rektaltemperatur),
- Anstieg der Hauttemperatur und
- Verringerung des Atem-Minuten-Volumens.

Es kann auch sein, daß Sie ein »Ameisenlaufen« spüren, bei einigen Menschen stellt sich schon jetzt das Wärmegefühl ein (Seite 47).

Zeichen der Entspannung

Wenn Ihnen während des Übens der Speichel vermehrt im Mund zusammenfließt und Sie deshalb öfter schlucken müssen, oder wenn die Augenlider vibrieren und der Darm kollert und bollert, so dürfen Sie mit Sicherheit annehmen, daß Sie auf dem richtigen Weg sind – auch wenn Sie bislang weder ein Gefühl der Ruhe gespürt haben, noch Ihnen der Arm schwer geworden ist.

Was Sie beim Üben erleben können

Der psychologische Befund

Je öfter Sie üben und je mehr Vertrauen Sie zu Ihrer Fähigkeit entwickeln, die Übungen für sich optimal auszuführen und deren Effekt voll zu nutzen, desto deutlicher können Sie folgendes wahrnehmen:

Erste Erfolge

Es entsteht eine angenehme Müdigkeit, eine leichte Schläfrigkeit. Es wird Ihnen immer leichter fallen, Außenreize abzublenden, und die Konzentration auf die Formeln gelingt immer besser.

Was sich an den Formeln ändert

Nach ein paar Tagen werden Sie gewisse Veränderungen bei sich feststellen – dies gilt natürlich nur, wenn Sie regelmäßig, also dreimal täglich, geübt haben. So wird sich beispielsweise das innere Vorsprechen verändert haben, Sie werden jetzt die Formeln sehr viel ruhiger, langsamer und monotoner konzentrieren (Seite 20), das heißt, Sie werden Ihren Eigenrhythmus gefunden haben. Gerade die Monotonie ist eine wichtige Voraussetzung, um zu körperlich-seelischen Umschaltungsphänomenen zu gelangen.

Sie finden Ihren Eigenrhythmus

Wer schon einmal archaische Ekstasetechniken, vielleicht im Fernsehen, verfolgen konnte, der weiß, zu welchen intensiven Bewußtseinsveränderungen Monotonie und Rhythmisierung führen können.
Ähnliches ist auch von musikalischen Monotonien bekannt, beispielsweise von den Kulttänzen der afrikanischen Eingeborenen.
Ein weiterer psychologischer Faktor, der sich bei regelmäßigem Üben nun bei Ihnen einstellt, wird als »Einengung des Bewußtseinsfeldes« oder auch »innere Sammlung« bezeichnet. Durch die Konzentration der Gedanken auf den Arm kommt es bald zu feststellbaren Veränderungen des Denkens, wie es auch von verschiedenen Meditationspraktiken bekannt ist.

Die Schwere-Übung

Der überwache Bewußtseinskern

Diesen Vorgang möchte ich Ihnen mit Hilfe eines Beispiels verdeutlichen, das, wie ich meine, recht anschaulich ist.

■ Stellen Sie sich eine hell erleuchtete Bühne vor, auf der Sie verschiedene Requisiten wie Möbel, Teppiche, Bilder, Wände gleichmäßig verteilt sehen. Allmählich wird die Bühne nun immer mehr abgedunkelt, mit Ausnahme eines einzigen hellen Punktscheinwerfers, der einen Gegenstand in der Mitte der Bühne erhellt. Zum Schluß sind alle an den Seiten und im Hintergrund der Bühne befindlichen Requisiten völlig im Dunkeln verschwunden. Sie sehen nur noch den in der Mitte angestrahlten Gegenstand.

Konzentration auf einen Punkt

Ähnliches geschieht beim Autogenen Training durch die allmähliche Abschaltung und Abblendung äußerer Reize, während sich das Bewußtsein gleichzeitig auf einen einzigen Ausschnitt konzentriert, der – wie im Beispiel – nun wie vom Scheinwerferlicht hell beleuchtet erscheint. Man spricht deshalb von einem »überwachen Bewußtseinskern«.

Beim gegenwärtigen Stand der Übungen ist dieser überwache Bewußtseinskern das Schwere-Erlebnis der Muskelentspannung im rechten beziehungsweise linken Arm.

Hilfe bei möglichen Schwierigkeiten

Die folgenden Abschnitte sind nur für jene Leser gedacht, bei denen sich die Schwere im rechten oder im linken Arm trotz regelmäßigen intensiven Übens nicht eingestellt hat.

Richtig atmen

Eine gewisse Hilfe könnte für Sie das richtige Atmen sein (Seite 54). Einatmen ist ja ein aktiver Vorgang, Ausatmen geschieht eher passiv. Diesen Vorgang sollten Sie ausnutzen, denn soviel ist klar: Eine Formel, die auf Entspannung zielt, wird sicher besser angenommen, wenn sie in der Entspannungs-, also der Ausatmungsphase aufgenommen wird.

Die Formel der Atmung anpassen

Mit Hilfe der nachfolgenden Anleitung können Sie üben, die Ruhe- und die Schwere-Formel im Rhythmus Ihres Atems zu konzentrieren:

Probieren Sie es aus

- Legen Sie sich entspannt hin, schließen Sie die Augen und atmen Sie ein paarmal ruhig und tief ein und aus, bis Sie das Ausströmen des Atems besonders angenehm und entspannt erleben. Sie sollten sozusagen »eins werden mit der Atmung«.
- Wenn Ihnen das gelungen ist, versuchen Sie, Ihre Ruhe-Formel in das Auf und Ab der Atmung hineinzulegen. Und zwar so, daß Sie sich während des Einatmens auf den ersten Teil – »ich bin ...« – und während des Ausatmens auf den zweiten Teil –« »... ganz ruhig!« – konzentrieren.
- Das gleiche gilt für die Schwere-Übung, die Sie ebenfalls mit dem Atem konzentrieren: beim Einatmen: »Mein rechter Arm ...«; beim Ausatmen: »... ist schwer!«

Die Einstellung überdenken

Eines der am häufigsten auftretenden Hindernisse beim Herbeiführen des Schwere-Erlebnisses liegt in der skeptisch kritischen Haltung des Übenden begründet. Sie wird häufig formuliert in der Frage: »Ist das nicht alles nur Einbildung?« Abgesehen von der theoretischen Widerlegung dieser Auffassung, muß in diesem Zusammenhang an den bereits beschriebenen Pendelversuch erinnert werden (Seite 18).

Die Konzentration beim Pendelversuch

▶ Sie sollten diesen Versuch noch einmal genau nach den Anweisungen durchführen. Sofern er gelingt, dürfte die Frage beantwortet sein. Gelingt der Pendelversuch nicht, so wäre zu klären, worauf Sie sich wirklich konzentriert haben. Dabei werden häufig fehlerhafte Einstellungen sichtbar. So zum Beispiel die Konzentration: »Das Pendel *soll* sich bewegen«, oder Sie denken: »Das Pendel *wird sich gleich* bewegen«. Analog hierzu könnte ein Fehler in der Schwere-Konzentration darin bestehen, daß Sie sagen: »Der Arm *wird* schwer«, oder: »Der Arm *soll* schwer werden«.

▶ Richtig dagegen ist es zu konzentrieren: »Der Arm *ist* schwer« beziehungsweise »Das Pendel bewegt sich«. Damit wird der Erfolg der Konzentration bereits vorweggenommen, was sich als unabdingbare Voraussetzung erwiesen hat.

Die Schwere-Übung

Ein anderer Versuch, der augenfällig die »Kraft der Gedanken« nachweist, ist der »Fallversuch«:

Fallversuch

Sie stellen sich so vor einen Lehnstuhl, als ob Sie sich setzen wollten, bleiben jedoch stehen, ohne ihn zu berühren, schließen die Augen und denken: »Ich falle nach hinten.« Erneut werden sie feststellen können, wie dieser Gedanke im Körper, das heißt in der Muskulatur, wirksam wird. Es kommt zu einem leichten Schwanken nach hinten, das meist durch eine Gegenbewegung, ein Schwanken nach vorne, wieder ausgeglichen wird. In seltenen Fällen gerät die Schwankung nach hinten so deutlich, daß sich die Versuchsperson spontan in den Sessel setzt.

Durch Gedanken den Körper beeinflussen

Pendel- und Fallversuch sind beide gleichermaßen geeignet, das dem Autogenen Training zugrunde liegende wichtigste Prinzip deutlich zu machen – die Möglichkeit, durch Gedanken unwillkürliche und zunächst unbemerkte körperliche Reaktionen in Gang zu setzen.

»Ich habe nach der Übung Muskelkater«

Ursache: Falsches Sitzen

Wenn Sie nach dieser Übung Muskelkater bekommen (obwohl Sie doch das Gegenteil erreichen wollten), kann das daran liegen, daß Sie zu aktiv (!) darum bemüht waren, den Arm schwer werden zu lassen. Bei diesem Versuch haben Sie so viel Spannung verursacht wie bei jeder anderen schweren Anstrengung auch: Davon haben Sie jetzt Muskelkater.

Die Schwere »geschehen« lassen

Sie müssen also bei der Schwere-Übung darauf achten, Ihren Arm nicht bewußt schwer zu machen! Das geschieht von allein, wenn Sie sich vorstellen, daß er immer schwerer wird. Unter Umständen ist Ihre Verspannung auf Ihre Haltung zurückzuführen. Wenn Sie falsch sitzen, verkrampfen sich die Muskeln ebenfalls – dann brauchen Sie bei weiterem Üben nur Ihre Haltung (Seite 28 bis 32) zu korrigieren.

»Nach der Übung war mein Nacken verspannt«

Ursache: Falsche Kopfhaltung

Verspannungen im Nacken können daher kommen, daß man beim Üben den Kopf zu weit heruntersinken läßt. Manch einer hat aber auch einen eher kurzen Hals, und der ist dann besonders schnell verspannt.

Den Kopf aufrecht »ruhen lassen«!

▶ Sie können dieses Problem lösen, indem Sie beim Sitzen mit dem Gesäß auf dem Stuhl etwas weiter nach vorne rutschen, so daß der Kopf nicht so leicht nach vorne fällt. Wird das Spannungsgefühl dadurch nicht verringert oder aufgehoben, dann halte man den Kopf senkrecht. (Das ist ja die Form, in der die meisten asiatischen Versenkungsmethoden durchgeführt werden.)

»Mir ist während der Übung schwindlig geworden«

Ursache: Zu lange Versenkung

Das bei den Übungen des Autogenen Trainings sehr selten auftretende Schwindelgefühl können Sie abfangen, indem Sie sich nach der Übung kurz hinlegen und die Beine hochlagern (Kissen, Stuhl, Couch, Foto Umschlagrückseite).
Denn wenn Sie Ihren Organismus ruhigstellen, also das unwillkürliche Nervensystem von Aktivität auf Passivität umstellen, kann es natürlich auch Nebenwirkungen geben. Vielleicht, weil Ihr Nervensystem besonders sensibel reagiert oder Sie sich besonders gut konzentrieren können. Wird die Übung zu sehr ausgedehnt, überwiegen die Nebenwirkungen. Also achten Sie bitte genau auf die Zeit.
Wenn jemandem schwindlig wird, liegt das meistens daran, daß er länger als die empfohlenen zwei Minuten in der Übung konzentriert war.

Achten Sie auf die Übungsdauer

▶ Denken Sie also beim nächsten Mal bitte daran: »Keine Übung länger als zwei Minuten!«

Die Schwere-Übung

»Ich bin während der Übung eingeschlafen«

Ursache: Zu tiefe Versenkung

Hierbei handelt es sich um einen keineswegs als negativ zu beurteilenden Vorgang. Ich habe Ihnen ja schon erklärt, daß der Zustand während des Autogenen Trainings mit einer gewissen Müdigkeit und Schläfrigkeit gekoppelt ist, die bei der abendlichen Übung sogar zwanglos in den Schlaf übergehen.

Konsequent üben!

Sollte das Einschlafen jedoch als störend empfunden werden, wenn es beispielsweise gleich zu Beginn der Übung erfolgt, so schafft in der Regel der vor der Übung gefaßte Vorsatz: »Ich führe meine Übung konsequent bis zum Ende durch« leicht Abhilfe.

»Im Arm ist ein unangenehmes Schweregefühl zurückgeblieben«

Ursache: Falsche Rücknahme

Wenn bei Ihnen nach der Schwere-Übung ein unangenehmes Schweregefühl im Arm zurückgeblieben ist, kann es sein, daß Sie die Übung nicht richtig zurückgenommen haben.

Bei der Rücknahme die Reihenfolge der Schritte einhalten

Bitte überlegen Sie einmal: Haben Sie die Rücknahme in der richtigen Reihenfolge der Schritte gemacht?
»Arme fest!« – »Tief ein- und ausatmen!« – »Augen auf!«
Viele Menschen machen den Fehler, bei der Rücknahme als allererstes die Augen zu öffnen. Das ist bei vielen wie ein Reflex. Wenn Sie dazu neigen, müssen Sie diesen Reflex bewußt unterdrücken.

Lesen Sie das Kapitel über die Rücknahme (Seite 21) noch einmal genau durch. Wenn Sie die Rücknahme in der richtigen Reihenfolge durchführen, ist das Schweregefühl bestimmt verschwunden.

»Mein Arm wurde schwer und warm zugleich«

Ursache: Übungen wurden in Gedanken vermischt

Das vorzeitige Auftreten eines Wärmegefühls im Übungsarm ist eine Begleiterscheinung, die durchaus auftritt und physiologisch zu erklären ist.

▶ Dennoch ist es zu diesem Zeitpunkt besser, die Wärme nicht weiter zu beachten und sich ganz speziell auf die Schwere zu konzentrieren. Das Erlernen des Autogenen Trainings wird gerade in der Anfangsphase durch eine derartige, in kleine Schritte gegliederte Vorgehensweise erleichtert.

»Ich spüre die Schwere im ganzen Körper«

Das Schweregefühl hat sich bereits jetzt über den ganzen Körper ausgebreitet.

Überstürzte Generalisation

Dieses als überstürzte Generalisation zu bezeichnende Phänomen tritt vor allem bei sportlich durchtrainierten Menschen auf.

▶ Hier ist zu raten, die Übung langsam und Schritt für Schritt aufzubauen – so wird das (meditative) Denken durch die Übung besser geschult.

Die Übung langsam aufbauen

Andererseits sollten gerade sehr gewissenhafte Menschen in der Übung weiter fortfahren, auch wenn sie noch nicht das Gefühl einer bereits hundertprozentigen Schwere-Realisation im Arm haben.

»Ich kann mich nicht konzentrieren«

Ursache: Es wurde zu selten und zu lange geübt

Diese Klage höre ich besonders häufig, und ich denke, daß ihr der häufigste Fehler zugrunde liegt, den man beim Autogenen Training machen kann: Man übt zu selten und versucht dann, dieses Versäumnis durch längeres Üben auszugleichen. Länger als zwei Minuten aber kann und soll man sich nicht so intensiv konzentrieren, sonst wandern die Gedanken einfach ab (Seite 27).

▶ Seien Sie also bitte ein bißchen konsequenter. Üben Sie dreimal täglich und das dann aber wirklich nur für jeweils zwei Minuten. Bleiben Sie dabei, auch wenn sich der gewünschte Effekt nicht so rasch einstellt, wie Sie gehofft hatten!

Regelmäßig 2 Minuten üben

»Ich denke immer an etwas anderes!«

Ursache: Es sind bildhafte Vorstellungen entstanden

Die Gedanken sammeln!

Nicht richtig ist es, wenn sich Anfänger während der Übung beispielsweise eine grüne Wiese oder einen Südseestrand in allen Einzelheiten vorstellen. Zwar ist auch hierdurch ein angenehmer Zustand von Entspannung zu erzielen, letztlich läuft diese Vorgehensweise jedoch der Absicht des Autogenen Trainings zuwider, die Fähigkeit zu einer schnellen körperlichen und seelischen Umschaltung zu entwickeln.

▶ Versuchen Sie bitte, sich auf Ruhe oder Schwere zu konzentrieren, und auf das, was dabei in Ihrem Körper geschieht. Bei regelmäßigem Üben wird Ihnen dies immer besser gelingen.

Der Weg zur Generalisation

Wer beim Üben ein Schwere-Erlebnis in einem Arm gespürt hat, bei dem kommt es allmählich zu einer Ausbreitung dieses Erlebnisses im Körper. Die Ausbreitung des Schwere-Erlebnisses auf andere Körperteile nennen wir Generalisation.
Die Generalisation beruht auf dem zweiten psychobiologischen Grundgesetz:

- Jede Teilentspannung hat die Tendenz, sich auf alle Teile auszudehnen.

Die Generalisation beim Quertyp und beim Längstyp

Dabei unterscheiden wir zwei Typen: den »Quertyp« und den etwas selteneren »Längstyp«. Beim »Quertyp« erfaßt das Schwere-Erlebnis zunächst den anderen Arm – beim Rechtshänder also den linken und beim Linkshänder den rechten Arm. Beim Längstyp breitet es sich vom Arm ausgehend über die jeweilige Körperseite aus. Danach erst erreicht es die andere Seite, bis es schließlich auf den ganzen Körper übergreift.

Sobald Sie also ein Schweregefühl nicht nur im Übungsarm, sondern auch im anderen Arm erleben, sollten Sie mit der

Kurzformel konzentrieren (das Wörtchen »sind« ist nun bereits entbehrlich):

Ich bin ganz ruhig – beide Arme schwer

Sollten Sie das Schweregefühl nicht nur im Übungsarm, sondern auch im Bein der gleichen Körperseite wahrnehmen, konzentrieren Sie bitte:

Ich bin ganz ruhig – rechte (linke) Seite schwer

Nicht vergessen!

Ich möchte hier noch einmal daran erinnern, daß alle Formeln langsam und monoton innerlich vorgesprochen werden sollen, jedoch nicht länger als ungefähr zwei Minuten. Der Rücknahmevorgang bleibt auch bei sich verändernden Formeln immer in der beschriebenen Weise gleich (Seite 21). Je mehr Sie die Umschaltungsvorgänge körperlich spüren, desto nachdrücklicher müssen Sie den Rücknahmevorgang durchführen.

Ist es bei regelmäßigem Training nach einigen Tagen zu einer immer deutlicher erkennbaren Ausbreitung des Schwere-Erlebnisses gekommen, konzentrieren Sie:

Ich bin ganz ruhig – Arme und Beine schwer

Die Ruhe-Schwere-Konzentration mit der Kurzformel

Bei weiterem regelmäßigem Üben stellt sich immer schneller und zuverlässiger dieses angenehme Schweregefühl im ganzen Körper ein. Dies kann bei manchen Menschen schon nach wenigen Tagen der Fall sein, bei anderen wieder dauert es Wochen, bis es soweit ist. In der Folgezeit können Sie die Formel weiter reduzieren auf:

Die Kurzformel als Signalreiz

Ruhe – Schwere

Diese Formulierung genügt als Signalreiz (Code), um die bereits erlernten Umschaltungsvorgänge auszulösen. Ein solches Zusammenfassen der Konzentrationen hat sich außerordentlich bewährt, auch alle nachfolgenden Formeln können kurz und prägnant eingebaut werden.
Hiermit ist der erste Schritt zur Selbstversenkung getan, und es ist nunmehr möglich, zum zweiten Schritt überzugehen.

Die Wärme-Übung

So wie Sie sich bei der Schwere-Übung auf das Schweregefühl in Ihrem Körper konzentriert haben, lernen Sie jetzt, sich auf das entstehende Wärmegefühl zu konzentrieren.

Über die Körperwärme

Wärme-Regulation im Körper –

Der Mensch ist – im Gegensatz zu manchen Tieren, beispielsweise Reptilien – ein Wesen, dessen Körpertemperatur stets gleichbleibend ist; alle Organe können nur dann reibungslos funktionieren, wenn die Körpertemperatur gleichbleibend bei etwa 37 Grad Celsius liegt. Diese Temperatur konstant zu halten ist für den Körper nicht einfach, denn der dauernde Verlust von Wärme nach außen und die von Stoffwechselvorgängen und körperlicher Aktivität abhängige Wärmeproduktion im Körper führen natürlich zu Schwankungen im Wärmehaushalt.

Es ist die Aufgabe unseres Kreislaufs, dafür zu sorgen, daß dieser dauernde Wechsel weder zur Auskühlung noch zur Überwärmung unseres Körpers führt.
So durchziehen viele kleine und kleinste Blutgefäße, die die Fähigkeit haben, ihr Volumen zu verändern, wie ein dichtes Netz unsere Haut an der Oberfläche und in der Tiefe.
In warmer Umgebung erweitern sie sich und geben Wärme nach außen ab.
In kalter Umgebung verengen sie sich und halten die Wärme im Körper zurück. Dieser sehr empfindlich reagierende Mechanismus wird reguliert vom vegetativen (autonomen) Nervensystem. Ein bewußter, ein willkürlicher Einfluß auf diese Regulationsvorgänge ist nicht möglich.

– gesteuert vom vegetativen Nervensystem

Die Wärme-Konzentration

Vorbereitung

Machen Sie es sich jetzt wieder an Ihrem Ruheplatz bequem (Seite 26). Sind Sie bereit? Dann lesen Sie die Formel (noch einmal) durch.

Gehen Sie wieder schrittweise vor

Wenn Sie Rechtshänder sind, übernehmen Sie bitte wörtlich: »rechter Arm warm«. Wenn Sie Linkshänder sind, sagen Sie bitte: »linker Arm warm«.

Die Wärme-Formel

Die vollständige Formel beinhaltet alle drei Grundübungen:
Ruhe – Schwere –
rechter Arm warm
oder
Ruhe – Schwere –
linker Arm warm
Die Konzentration der Wärme kann zu für Sie angenehmen Empfindungen führen durch den Zusatz: »strömend warm«.

Die Rücknahme

Sie nehmen auch diese Übung wieder mit den gewohnten Selbstbefehlen zurück:
Arme fest! –
Tief ein- und ausatmen! –
Augen auf!

Was dabei im Körper geschieht

Nach einigen Tagen regelmäßigen Übens wird sich ein angenehmes Wärmegefühl allmählich über den ganzen Arm ausdehnen. Oft geht dies von der Ellenbogen-Unterarm-Region aus, manchmal auch von der Hand. Schneller als bei der Schwere-Übung kommt es zu einer Generalisation des Wärmegefühls auf den anderen Arm (beim Quertyp) oder auf das Bein (beim Längstyp).
Das Herz und die Blutgefäße – Arterien, Kapillaren (kleine und kleinste Blutgefäße: Haargefäße) und Venen – sorgen für die Verteilung des Blutes in den Organen und in der Körperperipherie sowie für seinen Rückstrom zum Herzen.

Der Wärmetransport über den Blutstrom

Den jeweiligen Bedürfnissen des Körpers entsprechend wird die Verteilung des Blutes durch das autonome (vegetative) Nervensystem gesteuert. Dies geschieht, wie zu Anfang dieses Kapitels schon kurz erklärt, durch eine Weitstellung der Gefäße in den Gebieten, in denen gerade ein höherer Bedarf an Blut besteht, bei gleichzeitiger Engstellung der Gefäße in anderen Körperregionen.

Die Wärme-Übung

Die Muskulatur in den Arterienwänden und kleine Ringmuskeln an den Abzweigungen der Kapillaren reagieren auf Reize des Sympathikus mit Engstellung, mit dem Zusammenziehen.

Eng- und Weitstellung der Gefäße

■ Vereinfacht ausgedrückt: Ein Überwiegen der sympathischen Akitivität des vegetativen Nervensystems (erhöhter Sympathikotonus) stellt die Gefäße eng und führt somit zu einem geringen Blutdurchfluß, eine Verminderung der sympathischen Aktivität (erniedrigter Sympathikotonus) dagegen führt zu einer Weitstellung der Gefäße mit einer besseren Durchblutung des entsprechenden Körpergebietes.

Wie bereits erklärt (Seite 11), besteht der wichtigste Mechanismus beim Autogenen Training in einer Veränderung des Gleichgewichts im vegetativen Nervensystem zugunsten des Parasympathikus. Dies zeigt sich besonders deutlich durch eine Weitstellung der Gefäße in der Körperperipherie (Hände, Arme, Füße, Beine), da hier eine besonders reiche Gefäßversorgung vorliegt.
Dies erklärt den von vielen Forschern nachgewiesenen Anstieg der Hauttemperatur an Händen und Füßen während des Autogenen Trainings von durchschnittlich zwei bis drei Grad Celsius und Maximalwerten von fünf und mehr Graden. Gleichzeitig kommt es zu einem Abfall der Körperkerntemperatur (P. Polzien). In diesem Zusammenhang wurde zu Recht von einer »vasodilatatorischen Potenz« des Autogenen Trainings gesprochen (K. Mann und F. Stetter).

Anstieg der Hauttemperatur

Wie das Gefäßsystem beeinflußt wird

Das Gefäßsystem kann seine für uns lebensnotwendige Aufgabe nur erfüllen, wenn es seine Flexibilität behält, wenn es trainiert wird durch ständige Reize wie durch raschen Wechsel der Außentemperatur oder bei körperlichen Aktivitäten. Weil wir heute in geheizten oder klimatisierten Räumen leben, uns bei Kälte durch wärmende Kleidung schützen, uns wenig bewegen, bieten wir dem feingesteuerten System »Kreislauf« nur wenige der für sein Funktionieren wichtigen Reize an. Hier bietet uns das Autogene Training eine Hilfe, denn es wirkt durch seine Formeln ähnlich wie eine Gemütsbewegung auf das vegetative Nerven-

Gefäß und Kreislauftraining

Durch die entspannten Gefäße fließt die Wärme bis an die Körperperipherie –

system (Seite 11). So, wie das Gefühl der Scham zum Erröten führt, das nichts weiter ist als eine Weitstellung der Gefäße der Gesichtshaut, und Angst zum Erblassen, das nichts weiter ist als eine Engstellung derselben Gefäße, ist das Autogene Training in der Lage, das Gefäßsystem – vor allem an Armen, Händen, Beinen, Füßen – und damit die Wärmeregulation unseres ganzen Körpers zu beeinflussen.

Was Sie beim Üben erleben können

Wie wir bereits beim Pendelversuch und bei den ersten beiden Grundübungen sahen (Seite 33 und 35), kann das Autogene Training mit Hilfe von Gedanken oder Konzentrationen körperliche Veränderungen herbeiführen.
So wie wir uns bei der Schwere-Übung einer Schwere-Vorstellung hingeben, um eine Entspannung der Muskulatur zu erreichen, so müssen wir bei der Wärme-Übung eine Wärme-Konzentration durchführen, um eine Veränderung des Gefäßsystems zu erreichen. Die Weitstellung der kleinen Blutgefäße, zum Beispiel an den Fingern, führt zu einer stärkeren Durchblutung. Das vermehrte Blutvolumen kommt aus dem Körperinneren – ist also wärmer und führt so zu einer meßbaren Erwärmung der Finger. Dementsprechend sinkt die »Körperkerntemperatur« ab. Wir benützen dabei das Signal »Wärme«, auf das wir uns konzentrieren, um durch die Empfindung der Wärme die Blutgefäße zu beeinflussen. Da die Regulation des Wärmehaushalts vor allem über die Veränderung (Eng- und Weitstellung) der kleinen Gefäße an der Körperperipherie erfolgt, beginnen wir mit der Wärme-Konzentration zunächst in den Armen. Später folgt die Wärme-Konzentration auch in den Beinen – bis zuletzt der ganze Körper beteiligt ist (Organismische Gesamtumschaltung, Seite 52).

– warme Hände und Füße sind die Folgen

Hilfe bei möglichen Schwierigkeiten

Die folgenden Abschnitte sind für jene Leser gedacht, die Fragen zur Wärme-Übung haben, weil Sie Schwierigkeiten mit dem Wärmegefühl hatten.

Die Wärme-Übung

»Meine Arme und Beine werden nicht warm«

Ursache: Wenn Sie während der Wärme-Übung mit kalten Armen und/oder Beinen zu kämpfen haben, leiden Sie sicherlich häufig unter kalten Händen und kalten Füßen. Das ist nicht krankhaft, wird aber durch eine gewisse Fehleinstellung der Gefäßregulierung (Seite 46) verursacht.

Vorgewärmte Hände/Füße werden auch von innen schnell warm

▶ Wenn Sie zu dieser Fehlregulierung neigen, ist es hilfreich, Hände und/oder Füße »vorzubehandeln«, bevor Sie die Wärme-Übung machen. Erwärmen Sie sie über der Heizung oder in warmem Wasser, bis sie eine normale Temperatur haben, damit Sie beim Üben nicht weiterhin eine extrem ungünstige Ausgangslage überbrücken müssen. (Vielleicht ist Ihnen das Anwärmen von der Sauna bekannt: Vor dem ersten Saunagang sollten Sie die Füße vorwärmen.)

»Ich hatte ein zu starkes Wärmegefühl«

Ursache: Wie bei der Schwere-Übung (Seite 35) kann es auch bei der Wärme-Übung zu einer »überschießenden« Reaktion kommen: Sie spüren, wie der ganze Körper von Wärme überflutet wird.

Überschießende Reaktion

▶ In diesen Fällen sollten Sie sich bewußt auf die Formel »Ruhe – Schwere – rechte (linke) Hand warm« konzentrieren. Sollte das unangenehme Wärmegefühl trotzdem wiederkehren, versuchen Sie, die Wärme-Suggestion mit der Formulierung »angenehm warm« für sich richtig einzustellen.

»Mir wurde schwindlig/mein Kopf wurde unangenehm heiß«

Ursache: Bluthochdruck

▶ In diesen Fällen – sie sind selten – ist es besonders wichtig, den Blutdruck von einem Arzt kontrollieren zu lassen. Weicht er von der Norm ab, so sollte der Betreffende nicht selbständig weiterüben, sondern sich zunächst einer ärztlichen Behandlung unterziehen.

Fragen Sie Ihren Arzt!

■ Abschließend möchte ich noch einmal an die Möglichkeit erinnern, sich die jeweilige Formel optisch vorzustellen, sie innerlich zu hören oder sie im Geiste niederzuschreiben – je nachdem, ob Sie sich als optisch, akustisch oder motorisch orientiert einstufen (Seite 20). Auch die Vorschaltung der speziellen Atem-Übung (Seite 38) hat sich bei Schwierigkeiten in der Wärme-Konzentration bewährt.

Nach meinen jahrelangen Erfahrungen kann ich feststellen, daß Schwierigkeiten bei der Wärme-Übung sehr viel seltener auftreten als bei der Schwere-Realisation. Dies gilt natürlich nur für gefäßgesunde Menschen und nicht beispielsweise für Hypertoniker (Menschen mit Bluthochdruck, Seite 75).

Der Weg zur Gesamtumschaltung

Die Generalisation des Wärme-Erlebnisses

Nach einigen Tagen regelmäßigen Übens wird sich ein angenehmes Wärmegefühl allmählich über den ganzen Arm ausdehnen. Oft geht dies von der Ellenbogen-Unterarm-Region aus, manchmal auch von der Hand. Schneller als bei der Schwere-Übung kommt es zu einer Ausbreitung des Wärmegefühls auf den anderen Arm (beim Quertyp) oder auf das Bein (beim Längstyp). Dann können Sie schon bald zu der Formel übergehen:

**Ruhe – Schwere –
beide Arme warm**

oder

**Ruhe – Schwere –
rechte (linke) Seite warm**

Sobald dieser Zustand erreicht ist, können Sie übergehen zu der Formel:

**Ruhe – Schwere –
Arme und Beine warm**

Beenden Sie jede Übung mit der Rücknahme.

Die Gesamtentspannung mit der Kurzformel

Daß Ihnen nach einiger Zeit auch diese dritte Übung in »Fleisch und Blut übergegangen ist«, bemerken Sie daran, wie leicht und unproblematisch sich die Gesamtentspannung Ihres Körpers (Seite 52) als wohliges und willkommenes Gefühl der Schwere und der Wärme einstellt.

Stichworte genügen

Man könnte sagen, Ihr Körper »kennt sich jetzt aus« und braucht tatsächlich nur noch ein paar »Stichworte«, dann reagiert er richtig.

Arbeiten Sie von jetzt an mit der Kurzformel

Ruhe – Schwere – Wärme

und versuchen Sie, damit Ihren Körper auf die Gesamtentspannung umzuschalten. Rücknahme nicht vergessen!

Die »organismische Gesamtumschaltung«

Ruhe, Schwere, Wärme im ganzen Körper

Wenn sich bei Ihnen die Gesamtentspannung nach einiger Zeit so gut einstellt, daß Sie Ruhe, Schwere und Wärme im ganzen Körper empfinden, werden Sie feststellen, daß Sie diesen Zustand immer schneller erreichen.
Stellt sich diese generalisierte Gesamtentspannung schließlich innerhalb ganz kurzer Zeit – meist innerhalb von ein bis zwei Minuten oder sogar schlagartig – ein, so ist das erreicht, was J.H. Schultz die »organismische Gesamtumschaltung« nannte:

Der Körper wird anders wahrgenommen

- Schwere- und Wärme-Erlebnis beschränken sich nun nicht mehr auf Arme und Beine, sondern werden im ganzen Körper wahrgenommen, was zu einer Veränderung der gewohnten Wahrnehmung unseres Körpers führen kann – Phänomene, die ich im folgenden beschreibe.

Begleiterscheinungen

Entspannung der Gesichtsmuskulatur

Ein weiteres Zeichen der generalisierten Entspannung ist die Entspannung der Gesichtsmuskulatur. Weil die Muskeln im und um den Mund entspannt sind, weichen die Zähne auch bei geschlossenem Mund etwas auseinander. Bei Übungen im Liegen weicht der Unterkiefer zurück. Das Gesicht wirkt wie das eines Schlafenden.
Beim Sitzen entsteht mitunter das Gefühl, als würde sich der Hals verlängern. Dieses Empfinden ist auf eine Entspannung der Schulter- und Nackenmuskulatur zurückzuführen.

Verändertes Körperschema und zentripetale Weckreaktion

Selten kommt es zu Phänomenen, die als Veränderung des Körperschemas (Körper-Erlebnisses) bezeichnet werden – ein Gefühl des Schwebens oder das Empfinden, zentnerschwer auf der Unterlage zu liegen, bei einigen Menschen auch der Eindruck, als seien einzelne Körperteile, beispielsweise der rechte Arm, nicht mehr vorhanden. Normalerweise »weiß« jeder Mensch, in welcher Lage sich seine Körperteile gerade befinden. Hier handelt es sich natürlich nicht um ein »bewußtes Wissen«, da ja die Aufmerksamkeit meist auf andere Dinge gelenkt ist. Trotzdem erleben wir zum Beispiel unseren rechten Arm in der Haltung, in der er sich gerade befindet.

Über das »Körperschema«

Dieses »Körperschema« kommt dadurch zustande, daß von den einzelnen Teilen unseres Körpers ständig ein zum Zentrum, das heißt zu bestimmten Teilen des Gehirns ziehender nervaler Impulsstrom erfolgt, der dem Gehirn die jeweilige Lage der Körperteile signalisiert. Diese nervösen Reaktionen werden »zentripetale Weckreaktionen« genannt (englisch: arousal reactions, Seite 80).

Bei der Generalisation des Schwere-Erlebnisses, das ja darin besteht, daß die Muskeln weitgehend entspannt sind, ändern sich auch die zentripetalen Weckreaktionen. Die dem Gehirn erteilte »Meldung« über die jeweilige Lage von Körperteilen funktioniert nun nicht mehr ganz präzise. Das bedeutet, daß das psychische Erlebnis des Körperschemas sich verändert hat, so daß die Lage von Körperteilen falsch oder nicht mehr wahrgenommen werden kann. Dies ist die Erklärung dafür, daß manche Übende das Gefühl haben, ihr Arm sei nicht mehr da, während andere meinen, ihr Arm sei viel dicker als normalerweise.

Das Körper-Erlebnis verändert sich

■ Diese Phänomene – das Gefühl des Schwebens oder das des Lastens – deuten auf eine besonders gute Realisation der Übungen hin und sind somit positiv zu bewerten.

Gute Realisation der Übungen

Allerdings möchte ich erneut die Wichtigkeit der konsequenten Rücknahme bei Übungsende betonen (sofern nicht abends geübt wird).

Sie fühlen sich entspannt!

Auch in psychischer Hinsicht kommt es bei den bisher gelernten Übungen des Autogenen Trainings zu Veränderungen, die im wesentlichen in einem Herabsetzen des Wachheitsgrades (Vigilanz) liegen. In der Regel werden Sie das Gefühl einer gewissen wohligen Entspannung und Dösigkeit haben, während Ihr Bewußtsein gleichzeitig auf wenige Konzentrationen eingeengt ist.

Diese positiven psychischen Veränderungen sind das Ergebnis der Ruhe-Schwere-Wärme-Übung und lassen sich durch die Hinzunahme der nächsten Übung vertiefen.

Die Atem-Übung

Über Einatmung und Ausatmung

Beobachten Sie den körperlichen Vorgang des Atmens

Die Atem-Übung unterscheidet sich wesentlich von den vorherigen Übungen des Autogenen Trainings. Bei der Ruhe-, Schwere- und Wärme-Übung haben Sie gelernt, durch gedankliche Konzentration unmittelbar körperliche Reaktionen wie Muskelentspannung und Gefäßweitstellung auszulösen. Bei der Atem-Übung dagegen soll sich die Konzentration auf einen bereits ablaufenden körperlichen Vorgang richten. Sie beobachten dabei quasi wie ein Außenstehender den Wechsel von Ein- und Ausatmung.

- Bei der Einatmung hebt sich der Brustkorb durch die Anspannung von Halsmuskeln, verschiedenen Muskeln des Schultergürtels sowie der Zwischenrippen-Muskulatur (= die Brustatmung). Durch Zusammenziehen (Kontraktion) des Zwerchfells werden die Baucheingeweide nach unten gedrückt (= Bauchatmung), es entsteht zusätzlicher Raum, und frische Atemluft strömt in die Lungen hinein.
- Nach kurzer Pause erfolgt die Ausatmung. Alle zuvor aktiv angespannten Muskeln einschließlich des Zwerchfells entspannen sich. Hierdurch verringert sich das Volumen des Brustkorbs; unterstützt dadurch, daß sich elastische Fasern im Lungengewebe zusammenziehen, strömt der Atem wieder aus.

Stetiger Wechsel von Aktivität und Passivität

■ Der stetige Wechsel von Einatmung und Ausatmung, von Aktivität und Passivität, das Nebeneinander von (willkürlicher) Steuerbarkeit und (unwillkürlich) reflektorisch ablaufenden Vorgängen kennzeichnen den Atemvorgang und zeigen Parallelen auf zur Polarität vieler Lebensgesetzlichkeiten: Anspannung – Entspannung, Leistungsbereitschaft – Erholung.

Bei großer körperlicher Aktivität und damit verbundenem hohen Sauerstoffverbrauch muß die Ein- und Ausatmung schnell wechselnd durchgeführt werden, wodurch beide Atemphasen gleichermaßen aktiv werden. Bei körperlicher Ruhe dagegen wird die Atmung im ganzen langsamer. Die Einatmung selbst erhält einen gewissen Grad von Aktivität, die Ausatmung erfolgt passiv.

Bei körperlicher Ruhe wird die Atmung langsamer

Die Atmung eines passiven, gelösten, durch Autogenes Training versenkten Menschen schaltet auf einen eher unwillkürlich ablaufenden (reflektorischen) Verlauf um. Beim Ausatmungsvorgang kommt es zu einer Entspannung aller während der Einatmung angespannten Muskeln. Hierdurch strömt die Luft infolge der Schwere des Brustkorbs, der Entspannung des Zwerchfells sowie der Entspannung der elastischen Fasern in der Lunge ohne eigenes Dazutun durch den ebenfalls entspannten Kehlkopf nach außen.

■ Dieser Vorgang der passiv gelösten, reflektorisch ohne eigenes Zutun ablaufenden Atmung ist Ziel dieser Übung.

Die Atem-Konzentration

Vorbereitung

Machen Sie es sich jetzt wieder an Ihrem Ruheplatz bequem (Seite 26). Sind Sie bereit? Dann lesen Sie sich die Formel (noch einmal) durch.

Die Atem-Einstellung

Konzentrieren Sie bitte:

Die Atem-Formel

Es atmet mich

oder

Es atmet in mir

Die Rücknahme

Sie nehmen auch diese Übung wieder mit den gewohnten Selbstbefehlen zurück:

Arme fest! –
Tief ein- und ausatmen! –
Augen auf!

Was Sie beim Üben erleben können

Durch diese Konzentration geben Sie sich im Versenkungszustand des generalisierten Ruhe-, Schwere- und Wärme-Erlebnisses dem Atmungsvorgang hin und erleben dabei ein wiegendes Auf und Ab, entsprechend dem Heben und Senken des Brustkorbs.

Die Versenkungsatmung

Die Atmung wird harmonischer

Bei dieser Übung – und das unterscheidet sie von den bisherigen – ist keine unmittelbare Veränderung der Atmung beabsichtigt. Vielmehr kommt es ganz allmählich, fast unmerklich, und nach wochenlangem Üben zu einer immer autonomeren, harmonischeren Atmung. Diese »Versenkungsatmung« kann individuell sehr verschieden sein. Meist wird die Atemfrequenz (= Anzahl der Atemzüge pro Minute) niedriger und der Atemvorgang flacher. Aber auch vertiefte Atemzüge sind nicht selten. Jeder Mensch findet zu seiner individuellen Kombination von Brust- und Bauchatmung.

Die Ausatmungsverstärkung

In diesem Zusammenhang möchte ich an die Ausführungen zur Ausatmungsverstärkung (Seite 38) erinnern. Aus dem passiv gelösten, entspannten Charakter des Ausatmungsvorganges erklärt sich die bessere Realisierung der jeweils während der Ausatmung konzentrierten Formel.

Hilfe bei möglichen Schwierigkeiten

Meist braucht der Lernende für die Atem-Übung – im Vergleich zu den bisherigen Übungen – sehr viel mehr Zeit, um die neue Atemeinstellung »zu entdecken und zu erleben«.

■ Mißempfindungen oder Schwierigkeiten sind dabei außerordentlich selten; sollten sie sich wider Erwarten doch ergeben, so kann die Übung weggelassen werden. Mißempfindungen treten meist bei Menschen auf, die an nervösen Atembeschwerden, an Asthma oder ähnlichem leiden; ihnen kann ein Arzt weiterhelfen.

Fragen Sie Ihren Arzt!

■ Der Gesunde hingegen wird durch die Erarbeitung der Atemeinstellung in der geschilderten Weise eine ganz wesentliche Vertiefung des Gesamterlebnisses beim Autogenen Training erfahren.

Die Formel für alle Übungen

Die vollständige Formel, einschließlich der Atemeinstellung lautet

Ruhe – Schwere – Wärme – es atmet mich

oder

Ruhe – Schwere – Wärme – es atmet in mir

Danach die Befehle zur Rücknahme:

Arme fest!
Tief ein- und ausatmen!
Augen auf!

Damit sind die Übungen des Autogenen Trainings abgeschlossen.

Die individuellen Formeln

Bevor Sie weiterlesen

Das Autogene Training kann mehr als nur entspannen. Es soll Ihnen helfen, mit Ihren persönlichen Problemen besser fertig zu werden. Dazu gibt es individuelle Formeln (Wandspruchartige Leitsätze), mit denen Sie störende Reize ausschalten und allmählich eine positivere Einstellung zu sich selbst finden können.

Bitte beachten
Sie sollten mit den individuellen Formeln erst dann arbeiten, wenn Sie die Grundübungen des Autogenen Trainings sicher beherrschen und sich die organismische Gesamtumschaltung zuverlässig einstellt. Die individuellen Formeln als Hilfe bei der Bewältigung von Alltagsproblemen bauen gewissermaßen auf den Grundübungen auf und können nur dann voll wirksam werden, wenn die Muskel- und Gefäßentspannung durch die Ruhe-Schwere-Wärme-Atem-Übungen erfolgt ist.

Wobei können die Formeln helfen?

Kein Mensch ist vollkommen. Jeder hat ein paar größere oder kleinere Probleme, die er gerne lösen möchte. Dabei kommt es überhaupt nicht darauf an, ob dies Probleme sind, die ein Außenstehender als solche ansehen würde oder ob sie vergleichsweise gering sind im Vergleich zu dem, womit andere fertig werden. Es sind Probleme (oder »Problemchen«), die Sie selber stören und die Sie loswerden oder mit denen besser umzugehen Sie lernen möchten. Sei es, weil Sie Ihren persönlichen Lebensplan stören, sei es, weil sie Ihren Alltag erschweren, sei es, weil sie nicht in das Bild passen, das Sie von sich selbst haben.

Belastungen, die man loswerden möchte

Zu solchen Problemen gehören Einschlafstörungen, Konzentrationsstörungen, schlechte Angewohnheiten oder vielleicht auch Schmerzen. Dazu gehören Schwierigkeiten im

Umgang mit anderen Menschen oder Antriebsschwächen, Sprachfehler oder Ängste beim Fliegen, Schwimmen, beim Betreten eines Restaurants. Wahrscheinlich sind Sie jetzt überrascht, daß Sie mit Hilfe des Autogenen Trainings lernen können, mit all diesen Problemen besser fertig zu werden.

Was das Autogene Training nicht kann

Deshalb wollen wir hier gleich eine Einschränkung machen. Das Autogene Training kann Ihnen sicher nicht den Partner ersetzen, um dessen Verlust Sie trauern, aber es kann nach und nach die Trauer so erträglich machen, daß sie Ihren Lebensalltag nicht ständig überschattet. Das Autogene Training kann aus einem stillen Menschen auch sicher keinen »Temperamentsbolzen« machen, aber es kann helfen, daß der Schüchterne sich so akzeptiert, wie er ist, und sich ein bißchen mehr zutraut als bisher. Das Autogene Training kann auch keine Süchte heilen. Aber es kann schlechte Angewohnheiten so abbremsen, daß sie nicht zu Süchten werden. Und schließlich kann das Autogene Training nicht alle Ängste auflösen; es kann sie aber – wie die Flugangst – so mildern, daß der berufliche Alltag dadurch nicht mehr beeinträchtigt wird.

■ Mit einem Wort: Das Autogene Training kann störende Reize ausschalten und eine positive Einstellung fördern. Und das hat einen entscheidenden Einfluß auf die individuelle Lebensführung.

Wie können die Formeln helfen?

Sicher wissen Sie selbst, was Sie gerne an sich ändern möchten, oder andere haben es Ihnen gesagt. Sicher haben Sie schon eine Reihe guter Vorsätze gehabt, sind aber nie weit damit gekommen und haben alles wieder aufgegeben. Wenn Sie Ihre guten Vorsätze bisher nie so recht verwirklichen konnten, liegt das vielleicht daran, daß diese nicht genügend tief in Ihrem Bewußtsein verankert werden konnten. Sie brauchen den Zustand der Entspannung, wie ihn das Autogene Training schaffen kann, damit Sie die Hemmschwelle überwinden, die zwischen dem Wollen und dem Können liegt.

Gute Vorsätze verwirklichen

Der erste Teil der individuellen Formel

Drei Teile – drei Bedeutungen

Jede individuelle Formel besteht aus drei Teilen, die einander ergänzen. Der erste Teil soll gegen die individuellen Störungen oder Probleme eine gewisse Gleichgültigkeit aufbauen – schon wenn ein Störreiz weniger beachtet wird, verliert er ja an Einfluß –, der zweite Teil soll sie zum Verschwinden bringen, der dritte sagt, wie.
Dazu gehört allerdings zunächst, daß Sie Ihr Problem definieren. Am besten, Sie geben ihm sozusagen eine griffige »Überschrift«. Sie können zum Beispiel sagen »Schluß mit dem Rauchen« oder »Weniger rauchen«, Sie können sagen »Besser schlafen« oder »Weniger essen«. Es kommt darauf an, daß Sie Ihr Problem genau definieren und auf eine Kurzformel bringen.

Was möchten Sie ändern?

▶ Definieren Sie Ihr Problem: Jetzt heißt es, Ihr Problem – oder Ihre Probleme – knapp und treffend zu formulieren. Wenn Sie unsicher sind, ob Sie die Worte richtig getroffen haben, orientieren Sie sich ruhig an den Beispielen, die ich Ihnen für Alkohol-, Nikotin- und Schlafprobleme zusammengestellt habe.
Wenn Sie mehrere Probleme haben, dann bringen Sie sie auf einer Liste in die Reihenfolge ihres Schweregrades. Das, von dem Sie glauben, daß Sie es am leichtesten lösen können, bearbeiten Sie zuerst.

Ihr Problem

Formeln für Alltagsprobleme

Auf den folgenden Seiten will ich Ihnen anhand einiger Beispiele vorführen, wie Sie mit individuellen Formeln, die Sie in Verbindung mit den hier vorgestellten Übungen des Autogenen Trainings anwenden, bestimmte Probleme angehen können.
Voraussetzung dafür ist, daß Sie selbst Ihre individuelle Formel für Ihre speziellen Alltagsprobleme finden.

Hilfe bei Sprachstörungen

Wenn Menschen nicht richtig sprechen können, zum Beispiel wenn sie stottern, versuchen sie meistens, durch verstärkte Konzentration auf den Vorgang des

Sprechens damit fertig zu werden. Sie denken mehr an das Sprechen selbst als an das, was sie sagen wollen.
Viele Sprachtherapeuten wollen solche Störungen abbauen, indem sie dem Sprechenden sein Problem bewußter machen, als es ihm ohnehin ist, damit er merkt, um was es geht. Aber das hat oft keinen Erfolg, weil der Stotterer sowieso schon viel zu sehr auf seine Sprachstörung achtet und unter dieser Spannung erst recht stottert. Hier kann das Autogene Training ganz anders helfen, indem es eine Entspannung herbeiführt, in der der Sprachgestörte seine Störung kaum noch wahrnimmt. Hat er die vier Grundübungen gut gelernt, nimmt er sich vor, die Störung einfach nicht mehr zu beachten. Die individuelle Formel lautet im ersten Teil:

Sprechen in jeder Situation gleichgültig ...

Diese Formel wird in die vollständige Tiefenentspannung hineingenommen.
(Der zweite und dritte Teil sind jetzt noch nicht wichtig.)
Viele Menschen berichten, wie ihnen diese Übung hilft. Sehr häufig war von ihnen zu hören: »Wir stottern zwar noch, aber es stört uns nicht mehr!« Das mag paradox klingen, ist aber damit zu erklären, daß durch das Sich-nicht-mehr-gestört-Fühlen eine gestörte Funktion bereits verbessert werden kann, was bei vielen Menschen zu beobachten war.

Zuerst den Leidensdruck verringern

Für noch wichtiger aber halte ich, daß es uns gelungen ist, einem Menschen, der an einem Symptom leidet, so zur Selbsthilfe verholfen zu haben, daß er nicht mehr an seiner Störung leidet. Dazu kommt, daß kaum einer dem Autogenen Training je so treu bleibt wie der Stotterer, der »funktionell Sprachgestörte«, wie wir ihn lieber nennen. Das mag daran liegen, daß diese Menschen häufig eine übergewissenhafte Persönlichkeitsstruktur haben, durch die sie ständig bestrebt sind, einen an sich weitgehend unbemerkt ablaufenden Vorgang zu kontrollieren.

Hilfe bei der Alkohol- und Nikotinentwöhnung

Auch für die große Gruppe der Gewohnheitsraucher und Gewohnheitstrinker läßt sich über das Autogene Training eine Hilfe vermitteln, die bei konsequenter Durchführung gute Erfolge zeigt. Deutlich unterschieden werden muß

Die individuellen Formeln

allerdings einerseits zwischen dem Typ des Genuß- oder Gewohnheitsrauchers und des Gelegenheitstrinkers, der aus dieser Abhängigkeit herauskommen will, es aber aus eigener Kraft bisher noch nicht geschafft hat, und dem Suchtraucher oder dem süchtigen Trinker andererseits, der bereits körperlich von der Zufuhr von Nikotin und Alkohol abhängig ist. Nur bei den leichten Formen des Nikotin- und Alkoholkonsums wird das Autogene Training eine gute Chance zum Erfolg bieten.

Bitte beachten
Der Suchtraucher und der Alkoholiker brauchen, um zum Erfolg zu kommen, unbedingt therapeutische Hilfe, in den meisten Fällen wohl sogar die Betreuung und Geborgenheit einer Entziehung in einer Spezialklinik.

Menschen, die gewöhnt sind, täglich Alkohol zu trinken, ohne deswegen schon »Trinker« zu sein, lernen die Grundübungen des Autogenen Trainings relativ schnell. Erst wenn sie diese Übungen sicher beherrschen, kann der erste Teil des Leitsatzes, nämlich die Indifferenzkonzentration dem Störreiz gegenüber – in diesem Fall dem Alkohol –, eingesetzt werden.

Nach der Realisierung von Ruhe, Schwere, Wärme wird der Wandspruchartige Leitsatz hinzugenommen. Abgewandelt auf den Gewohnheitsraucher, der sein tägliches Zigarettenquantum reduzieren oder vom Rauchen loskommen möchte, lautet der Leitsatz:

**Zigaretten,
Zigarettenrauchen
in jeder Situation
gleichgültig**

Wie wir sehen, wird von vornherein nicht die Ablehnung von Alkohol oder Zigaretten suggeriert, sondern es wird dem Betroffenen geholfen, aus der inneren Spannung des »soll ich, oder soll ich nicht« herauszukommen. Dies geschieht durch die Haltung einer Indifferenz dem »Genußmittel« gegenüber, die dann nach einiger Zeit zur Alkohol- oder Zigarettenabstinenz führen kann.

Aus der inneren Spannung herauskommen

Von Menschen, die in der hier geschilderten Weise vorgegangen sind, kann man nach einiger Zeit hören, daß die ständig präsente Alkohol- oder Zigarettenreklame ihnen nicht nur gleichgültig geworden ist, sondern daß sie gar nicht mehr in vorherigem Maße von ihnen wahrgenommen wird.
In den warmen Monaten des Jahres sieht man häufig große

Reklameplakate, die den Betrachter zum Biertrinken anregen sollen. Das einladende Bild eines Biertrinkenden wird beispielsweise von dem Text begleitet: »Durst wird durch Bier erst schön.«

Versuchungen verlieren an Reiz

Wer nun mit Hilfe des Autogenen Trainings und der Wandspruchartigen Leitsätze zu einer Indifferenz Bier und Biertrinken gegenüber gekommen ist, wird vor dieser Werbung stehen und sagen: »Ich weiß gar nicht, was das soll!« Durch diesen Satz drückt er sehr plastisch aus, daß er die gefühlsmäßige Beziehung zur Reklame – und jede Reklame appelliert vor allem an unsere Gefühle – abgebaut und durch eine Indifferenzhaltung ersetzt hat.

Wer sich also das Trinken oder das Rauchen abgewöhnen möchte, kann dies über die Übungen des Autogenen Trainings unter Hinzunahme der Indifferenzkonzentrationen befriedigend erreichen, indem er die gefühlsmäßige Verbindung zwischen dem Reiz und seiner Persönlichkeit abbaut.

Hilfe bei Schlafstörungen

Die ungemein häufigen funktionellen Schlafstörungen sind ein weiteres Anwendungsgebiet des Autogenen Trainings. Kurz zusammengefaßt gilt folgendes: Durch das Autogene Training lernt der Schlafgestörte, wieder zur Ruhe zu kommen.

Es gelingt zunächst durch den Leitsatz:

Schlafen in jeder Situation gleichgültig

Hat sich dieser Satz dann als fester Vorstellungskomplex eingeschliffen, kann er verkürzt werden zu:

Ruhe – Schwere – Wärme – Schlaf gleichgültig

Diese Übung bewirkt, daß Menschen, die nicht einschlafen können, zunächst mal von diesem Problem abgelenkt werden. Denn wenn man ängstlich darauf wartet, ob man einschlafen kann, ist man so wach, daß man es geradezu verhindert.

Der Schlaf kommt erst, wenn man nicht mehr auf ihn wartet

Der Schlaf kommt erst, wenn man ihm gegenüber gleichgültig geworden ist.

Aber Schlafgestörte sollten wissen, daß sie ihre Schlafstörungen mit Hilfe des Autogenen Trainings erst nach wochenlangem geduldigen Üben überwinden können. Und auch erst dann, wenn sie das ganze Programm der Grundübungen einwandfrei beherrschen. Auch mit dem Autogenen Training kann man Schlaf nicht erzwingen, denn etwas erzwingen zu wollen, setzt Wachheit voraus.

Üben Sie regelmäßig und mit Geduld

▶ Allen, die das Autogene Training zur Beseitigung einer Störung einsetzen wollen, möchte ich an dieser Stelle noch einmal ausdrücklich sagen, daß erst nach vollständigem Erlernen der vorgestellten Übungen des Autogenen Trainings und nach längerfristigem regelmäßigen Üben eine Besserung zu erwarten sein wird. Wer sich ungeduldig von Anfang an darauf fixiert, wird dagegen kaum Erfolg haben.

Der zweite Teil der individuellen Formel

Bisher war nur vom ersten Teil der individuellen Formel die Rede, dem Teil, mit dem man einem Reiz gegenüber gleichgültig wird und ihn damit ausschaltet. Nun wollen wir eine positive Beziehung aufbauen. Zu diesem Zweck sollten Sie zunächst einmal spontan aufschreiben, welche Eigenschaften Sie besitzen möchten: Mut? Selbstvertrauen? Heiterkeit? Tatkraft?

Ihre Eigenschaft

Positive Eigenschaften finden

Negative Begriffe »umpolen«

Dabei sollten Sie alle Eigenschaften weglassen, die mit »Un-« oder »Ent-« anfangen, zum Beispiel »Unbefangenheit« oder »Entspannung«, denn diese Wörter enthalten negative Vorsilben (Un-, Ent-), mit denen man kein positives Verhalten aufbauen kann. Positiv dagegen würde die bildhafte Vorstellung von »Gelöstheit« wirken. Auch Angst ist ein Begriff, der niemals in einem Leitsatz auftauchen sollte. Ist jemand vielleicht spontan ein-

Der zweite Teil der individuellen Formel

gefallen, daß er »keine Angst mehr haben möchte«, so sollte er das in positive Begriffe wie »Mut« oder »Selbstvertrauen« umformen.
Den meisten Menschen fallen dazu folgende Wörter ein: Mut, Selbstvertrauen, Selbstsicherheit, Geborgenheit, Gelöstheit, Gleichmaß, Abstand.

Je einfacher die Aussage, desto besser wirkt sie

Es kommt nun aber darauf an, solche Wörter zu vereinfachen und ihnen damit eine gewisse Monotonie (und zugleich Präzision) zu verleihen, denn, wie man aus religiösen Gesängen weiß: Je einfacher die Aussage und je einfacher die Melodie, desto besser dringt sie ins Unterbewußtsein.

Die Formel zur Behebung einer Sprachstörung könnte demnach so bearbeitet werden: Sie haben beschlossen, sich nicht mehr so sehr auf das Sprechen an sich zu konzentrieren, es soll Ihnen gleichgültiger werden. Der erste Teil der Formel lautet also:

Sprechen in jeder Situation gleichgültig

Aber jetzt müssen Sie sich darüber klar werden, was Sie statt dessen wollen. Etwa mehr auf den Inhalt achten, mit dem Sie Menschen überzeugen wollen? Dann müßte Ihre individuelle Formel also so ergänzt werden:

Sprechen gleichgültig – Inhalt wichtig

Sie sehen, wir haben hier gleich eine vereinfachte Form verwendet.

Einfache und präzise Formeln

Oder ein Beispiel für Menschen mit Schlafstörungen: Sie haben sich gesagt, daß Ihnen

Schlafen gleichgültig

ist und wollen statt dessen vor allem zur Ruhe kommen, zu der Ruhe, die dem Schlaf vorausgeht. Ihre individuelle Formel könnte also heißen:

Schlafen gleichgültig – Ruhe wichtig

Der dritte Teil der individuellen Formel

Wie wollen Sie etwas verändern?

Jede individuelle Formel hat einen dritten Teil: die Aussage, wie man zu einem neuen Verhalten kommen will.
Dazu wählen Sie aus Ihrer Eigenschafts-Wunschliste (Seite 64) eines der Wörter, die Ihnen wichtig sind.
Wollen Sie Ihre Sprachstörungen durch mehr Selbstsicherheit besiegen? Dann könnte Ihre individuelle Formel lauten:

Sprechen gleichgültig – Inhalt wichtig durch Mut, Sicherheit und Selbstvertrauen

Wollen Sie bei Schlafstörungen die Ruhe erreichen, die sich vor dem Einschlafen einstellen soll? Durch mehr Gelassenheit? Dann lautet Ihre Formel:

Schlaf gleichgültig – Ruhe wichtig – durch Gelassenheit und Abstand

Wenn Sie Ihr Problem formuliert haben (Seite 60) und wissen, welche Eigenschaften Ihnen wichtig sind (Seite 64), notieren Sie »Ihre« Formel.

Ihre Formel ______________________________

Hilfe bei Alltagsproblemen

Selbstverständlich gibt es auch Alltagsprobleme, die mit Hilfe des Autogenen Trainings und Hinzunahme der individuellen Formeln leichter zu meistern sind, ohne daß dabei immer ein Störreiz ausgeschaltet werden müßte. Nehmen wir als Beispiel eine Prüfung oder eine schwierige berufliche Situation: Das Ziel, die Prüfung zu bestehen oder das berufliche Problem zu bewältigen, ist dabei klar. Hier helfen Leitsätze wie:

Ich schaffe es mit Mut, Abstand und Gelassenheit

Bei Menschen mit Schwierigkeiten, sich zu behaupten oder durchzusetzen, haben sich folgende Leitsätze sehr bewährt:

Das Ziel ist klar – den Weg weist der Zusatz

Ich gehe meinen Weg mit Mut, Sicherheit und Selbstvertrauen

Der Leitsatz kann aber auch lauten:

Ich vertrete mein Recht mit Nachdruck, Offenheit und Augenmaß

In jedem dieser Fälle wird die zunächst ausgesprochene Zielvorstellung verstärkt durch das

Ansprechen der bereits individuell erarbeiteten inneren Einstellungen und Persönlichkeitsanteile.

Schnarchen – kein Problem mehr

Manchmal geht es sogar noch einfacher. Nehmen wir das ebenso lästige wie weitverbreitete Problem des Schnarchens. Wie viele Partnerschaften und Ehen sind darüber nicht schon in ernste Schwierigkeiten geraten oder gar auseinandergegangen. Hier bewährt sich der Leitsatz:

Auf der Seite (auf dem Bauch) schlafe ich ruhig und fest

Im Fall von Prüfungsschwierigkeiten oder von Problemen am Arbeitsplatz genügt oft sogar der Leitsatz:

Konzentration durch Abstand

Viele Beispiele ließen sich noch anführen, letztlich kommt es immer auf die individuelle Erarbeitung und die persönliche Ausgestaltung des Leitsatzes an.

Ein Wort zum Schluß

Sie werden sicher Ihre individuellen Formeln finden, für jedes Problem. Aber denken Sie bitte immer daran:

- Bitte nur positive Begriffe verwenden.
- Je knapper und einfacher, desto besser.
- So monoton und rhythmisch wie möglich.
- Erst anwenden, wenn die Selbstversenkung (Seite 52) wirklich klappt.

■ Der letzte Punkt ist besonders wichtig. Wer die Übungen der Ruhe, Schwere und Wärme noch nicht beherrscht, kann auch sein Unterbewußtsein noch nicht recht mit der individuellen Formel erreichen: Also regelmäßig üben!

Üben Sie regelmäßig!

Autogenes Training als Therapie

**Das Autogene Training in der vorgestellten, von Professor Langen vereinfachten Form kann von Gesunden selbständig erlernt und ausgeübt werden.
Das Autogene Training in der von Professor Schultz erarbeiteten und danach weiterentwickelten Form dagegen ist eine überaus wirkungsvolle Behandlungsmethode, die jedoch nur vom Arzt eingesetzt werden kann:
Er stellt die Diagnose, bestimmt, ob diese Methode dem Patienten hilft, und überwacht den Erfolg.
Das bedeutet: Bei Krankheit darf Autogenes Training nicht selbständig erlernt und ausgeübt werden.**

Stärkung der Selbstheilungskräfte

Autogenes Training als Therapie

Privatdozent Dr. med. habil. Karl Mann

Bei welchen Erkrankungen und Symptomen kann das Autogene Training als Therapie vom Arzt eingesetzt werden?
Unabdingbare Voraussetzung für die Behandlung der im folgenden beschriebenen Krankheiten mit Hilfe des Autogenen Trainings ist die sachkundige Vermittlung dieser Entspannungsmethode. Die medizinische Indikation erfordert in allen Fällen die strenge ärztliche Überwachung und schließt damit ein selbständiges Erlernen über das Medium Buch selbstverständlich aus.
Mit Autogenem Training, einem »Breitbandtherapeutikum« erster Ordnung, kann eine Vielzahl von Störungen und Krankheiten behandelt werden – sei es als Therapie der Wahl, die die Krankheit »an der Wurzel« behandelt wie bei den funktionellen Störungen, sei es gleichrangig neben anderen psycho- und somatotherapeutischen Maßnahmen wie bei psychosomatischen Krankheiten oder sei es zur Linderung von Schmerzen, andere Behandlungsmethoden unterstützend, wie es bei Rheuma der Fall ist. Immer wird es auch der Verminderung von Ängsten dienen, die jede Krankheit mit sich bringt. Wir wissen heute, daß 30 bis 50 Prozent der Patienten, die einen niedergelassenen Arzt aufsuchen, neben der körperlichen auch eine seelische Behandlung brauchen. Die zukunftsorientierte, die moderne Medizin stellt daher psychosomatische und psychotherapeutische Verfahren immer häufiger gleichrangig neben ihre naturwissenschaftlichen Methoden. Und sie versucht immer intensiver, Entspannungsmethoden, die die Selbstheilungskräfte der Patienten stärken, schon als Vorsorgemaßnahmen einzusetzen, ohne dabei das Autogene Training als »Allheilmittel« unkritisch zu verkennen.

Mögliche Hilfe für Körper und Seele

In der Vorsorgemedizin

Autogenes Training und Streßbewältigung

Eine Studie* zeigt, daß autogen trainierte Menschen selbstsicherer, aktiver, stärker nach außen orientiert, besser gestimmt und eindeutig weniger deprimiert, ängstlich oder erregt waren als vergleichbare Versuchspersonenen, die das Autogene Training nicht beherrschten und durchführten.
Nimmt man noch die nachweisliche Entspannung der Muskulatur und der Gefäße sowie die bereits dargestellten Leistungen im Hinblick auf eine individuelle Persönlichkeitsfindung (Seite 58) hinzu, so ist die Bedeutung des Autogenen Trainings als Hilfe bei der Bewältigung von Problemen und Belastungen des Alltags leicht zu verstehen.
Der autogen Trainierte leidet im Vergleich zu einem Menschen, der das Autogene Training nicht praktiziert, weniger unter »Streß« – hier verstanden als belastende Umweltfaktoren unterschiedlichster Art. Es gelingt ihm, sein körperlich-seelisches Gleichgewicht besser zu wahren beziehungsweise nach Überlastung schneller wiederherzustellen. Hieraus erklärt sich der große Stellenwert des Autogenen Trainings in der Psychohygiene und der Vorsorgemedizin.

Für das körperlich-seelische Gleichgewicht

Bei Herzkrankheiten

Autogenes Training kann zur Vorbeugung, aber auch zur Unterstützung der Behandlung von koronaren Herzerkrankungen sehr wirkungsvoll eingesetzt werden. Seit Jahren stehen diese Erkrankungen der Herzkranzgefäße an der Spitze der Statistiken von Krankheitshäufigkeiten und Todesursachen. Bei immer mehr Menschen treten Angina pectoris (Brustenge) und Herzinfarkt auf – an diesen Erkrankungen sterben heute bereits mehr Männer im Alter über 45 Jahren als an allen Krebsformen und anderen bösartigen Geschwulsten zusammengenommen.

Vorbeugen und Unterstützen der Behandlung

*Schrapper, D.K., K. Mann, Veränderungen der Befindlichkeit durch autogenes Training, Psychother. med. Psychol. 35 (1985), S. 268-272

Risikofaktoren günstig beeinflussen

Krankheitsbedingten Schädigungsmechanismen vorbeugen

Viele Studien haben gezeigt, daß die »Risikofaktoren« bei der Entstehung der koronaren Herzerkrankungen eine entscheidende Rolle spielen. Unter Risikofaktoren verstehen wir sowohl körperliche Schädigungsmechanismen, die eine Entstehung bestimmter Krankheiten begünstigen, als auch bestimmte krankmachende Lebensbedingungen – vom Bewegungsmangel über falsche Eß- und Trinkgewohnheiten bis hin zu Leistungsdruck und dem daraus resultierenden Sich-überfordert-Fühlen.
Schwerwiegende Risikofaktoren für Herzerkrankungen: Der Bluthochdruck (Hypertonie, Seite 75), das Zigarettenrauchen und das Übergewicht in Verbindung mit erhöhten Blutfettwerten. Viele der Erkrankten zeigen zudem vermehrt aggressiv-ehrgeiziges Verhalten bei gleichzeitiger starker innerer Anspannung.
Ein Risikofaktor allein bedeutet nicht unbedingt eine ernsthafte Bedrohung für die Gesundheit; kommen jedoch zwei oder gar drei Risikofaktoren zusammen, was sehr häufig der Fall ist, dann muß dies als eine starke gesundheitliche Gefährdung gesehen werden.
Das Autogene Training bietet eine ausgezeichnete Möglichkeit, den Risikofaktoren vorzubeugen und therapeutisch auf sie einzuwirken. Ein psychoreaktiv erhöhter Blutdruck, also ein Bluthochdruck, der nicht durch Krankheiten oder Funktionsstörungen von Organen verursacht ist, wird nachweislich und dauerhaft gesenkt (Seite 75), Zigarettenrauchen kann durch Indifferenzhaltung zunächst vermindert, schließlich aufgegeben werden (Seite 61).

Zwanghaftes Essen

Übergewicht resultiert nicht selten aus einer psychischen Fehlhaltung. Vereinfacht könnte man sagen, daß viele Menschen versuchen, innere Anspannung und Angst durch übermäßiges Essen – wie auch durch zuviel Alkohol – abzubauen.
Autogenes Training führt zu innerer Ausgeglichenheit mit harmonischem Wechsel von Anspannung und Entspannung und somit zum Abbau von Angst (Seite 58). Diese »neue innere Ausgeglichenheit« macht nicht nur unabhängiger von übermäßiger, körperlich nicht erforderlicher Nahrungszufuhr, sondern baut oft krankhaften Ehrgeiz und das daraus resultierende aggressive Verhalten ab.

Zu innerer Ausgeglichenheit finden

Blutfette, die dem Organismus als Energielieferanten und Baustoffe dienen, werden zum einen Teil mit der Nahrung aufgenommen, zum anderen vom Körper aufgebaut. Durch Zuführung von zuviel Fetten mit der Nahrung oder infolge einer Fettstoffwechselstörung steigen die Blutfette an. Ein dauernd erhöhter Gehalt bestimmter Blutfette kann Degenerations- und Alterungsprozesse in den Blutgefäßen auslösen und beschleunigen. Und das bedeutet auch für die Herzkranzgefäße ein erhöhtes Risiko. Erhöhte Blutfettwerte können durch Autogenes Training gesenkt werden. In einer Untersuchung* hatten die Probanden nach Autogenem Training deutlich gesenkte Blutfettwerte.

Ausgewogen ernähren

Die bereits beschriebene »vasodilatatorische«, die gefäßerweiternde Potenz des Autogenen Trainings (Seite 48) schließlich bewirkt ein regelmäßiges Gefäßtraining, das dem Entstehungsmechanismus vieler Erkrankungen entgegenwirkt. Denn solcherart trainierte Gefäße widerstehen Degenerations- und Alterungsprozessen besser als untrainierte.

Gefäßtraining durch regelmäßiges Üben

Bei funktionellen Störungen

Störungen des vegetativen Nervensystems

Zur Behandlung von funktionellen Störungen ist das Autogene Training das »Mittel der Wahl«. Denn meist handelt es sich hier um seelisch bedingte körperliche Fehlregulationen ohne nachweisbare Organschädigung.
Eine zentrale Rolle für diese Fehlregulationen spielt die erhöhte Irritierbarkeit oder eine Fehlsteuerung des vegetativen Nervensystems. Das bei funktionellen Störungen verschobene Gleichgewicht im vegetativen Nervensystem (Sympathikus-Parasympathikus, Seite 11) wird durch das Autogene Training mit seiner entspannenden Wirkung wieder stabilisiert.

* M. Carruthers (1988)

Bei psychosomatischen Krankheiten

Organische Erkrankungen durch seelische Belastung

Sobald zu einer funktionellen Störung eine Organschädigung (pathomorphologisches Substrat) hinzukommt, wenn also die psychisch bedingte Krankheit in einer Organschädigung nachweisbar wird, sprechen wir von den psychosomatischen Krankheiten im engeren Sinne.

Meist geht der psychosomatischen Erkrankung eines Organs, zum Beispiel ein Magengeschwür, ein auslösendes Ereignis in Verbindung mit einer sogenannten Schicksalssituation voraus. Aus diesem Grunde genügt es in der Regel nicht, das Autogene Training allein als Therapie einzusetzen. Vielmehr sind intensive aufdeckende Gespräche zwischen Patient und Arzt zusätzlich ebenso notwendig wie geeignete körperliche Behandlungsmaßnahmen, zum Beispiel Medikamente.

Das Verfahren wie die gestufte Aktivhypnose kombiniert das Autogene Training mit gewissen hypnotischen Elementen; so ist der Patient schließlich in der Lage, Selbsthypnosen durchzuführen. Parallel hierzu wird – gemeinsam mit dem Patienten – eine Analyse der Begleiterscheinungen seiner Erkrankung und seiner Lebensumstände erstellt. Schließlich folgt, ähnlich wie bereits geschildert (Seite 58), die Erarbeitung eines Wandspruchartigen Leitsatzes. Zuletzt werden die im Leitsatz zusammengefaßten Ergebnisse der analysierenden Gespräche mit der inzwischen erlernten Selbsthypnose kombiniert zu einer »zweigleisigen Psychotherapie«.

Mehrdimensionale Therapiemethode

Diese mehrdimensionale Methode hat sich in der Therapie psychosomatischer Krankheiten außerordentlich gut bewährt, sowohl in der stationären als auch in der ambulanten Behandlung. Von anderen Psychotherapierichtungen hebt sie sich vorteilhaft vor allem durch ihre vergleichsweise kurze Dauer und ihr pragmatisches Vorgehen ab.

Im folgenden möchte ich Ihnen einige Beispiele funktioneller Störungen und psychosomatischer Krankheiten geben, bei deren Behandlung das Autogene Training wirkungsvoll eingesetzt werden kann. Nicht immer lassen sich die Grenzen zwischen beiden scharf ziehen; vielmehr kann es im Einzelfall durchaus zu fließenden Übergängen kommen.

Zu hoher Blutdruck, zu niedriger Blutdruck

Nach amerikanischen Unterlagen leiden etwa 20 Prozent der erwachsenen Bevölkerung an Bluthochdruck (Hypertonie).
Bei etwa vier Fünftel davon läßt sich hierfür keine organische Ursache finden – das heißt, daß diese Menschen an der essentiellen Hypertonie leiden.

Erbliche Anlage

An der Entstehung dieser Hochdruckform scheinen verschiedene zum Teil noch unbekannte Faktoren von unterschiedlicher Wertigkeit mitzuwirken. Wissenschaftlich gesichert ist die Tatsache der erblichen Anlage. Zu den Auslösungsfaktoren, die eine Ausbildung und die Entwicklung dieser Krankheit begünstigen können, gehören sicher Übergewicht, hoher Salzverzehr und, unter bestimmten Bedingungen, schädigende Umwelteinflüsse. Lärmbelästigungen, Fließbandmonotonie, »Managertum«, Leistungsdruck, Existenzangst – das sind Begriffe zur Kennzeichnung derartiger Negativeinflüsse.

Schädigende Einflüsse aus Ernährung, Umwelt, sozialer Stellung

Daß der Bluthochdruck als Risikofaktor für Herzinfarkt anzusehen ist, wurde bereits gesagt (Seite 72), auch die Entwicklung der Gefäßverkalkung (Arteriosklerose) wird durch Hypertonie beschleunigt und ein Hirnschlag (Apoplex) kann die direkte Folge sein.
Bei regelmäßig durchgeführtem Autogenem Training sinkt der bei der Hypertonie erhöhte Blutdruck, abhängig vom Ausgangswert, allmählich um rund 40 mm Hg in seinem oberen (systolischen) Wert; in dem unteren (diastolisch) Wert beträgt die durchschnittliche Blutdrucksenkung etwa 20 mm Hg. Für diese in den meisten Fällen sehr wesentliche Senkung ist unter anderem der gefäßtrainierende Effekt des Autogenen Trainings verantwortlich (Seite 48).
Auch ein zu niedriger Blutdruck (Hypotonie), der zwar nicht lebensbedrohend ist wie der Bluthochdruck, sich jedoch für den Betroffenen sehr unangenehm in Schwindelattacken oder gar Ohnmachtsanfällen äußern kann, läßt sich durch Autogenes Training beheben. Ebenso die Durchblutungsstörungen an Händen und Füßen.

Regulierung auf normale Werte

Zusammenfassend gilt: Autogenes Training reguliert den psychisch bedingten zu hohen und den zu niedrigen Blutdruck auf normale Werte ein.

Bei Asthma

Asthma gehört, ebenso wie der Bluthochdruck, zu den sogenannten Volkskrankheiten; 1 bis 7 Prozent der Bevölkerung leiden an dieser Erkrankung der Bronchien.

Ursachen

Unter anderen wirken entzündliche, allergische, seelische und sicher auch Erbfaktoren bei seiner Entstehung zusammen.

Neben einer Schleimhautschwellung und vermehrter Schleimbildung in den Bronchien kommt es zu einer massiven Verkrampfung der unwillkürlichen Bronchialmuskulatur. Dies führt zu quälenden Anfällen von Atemnot. Vor allem die Ausatmungsphase, ein passiver Vorgang (Seite 54), ist erschwert: Die Atemluft, die ein Asthmakranker durch das bei ihm mit Schleim verlegte Röhrensystem der Bronchien unter Einsatz aller zur Verfügung stehenden Muskeln zwar in die Lunge eingeatmet hat, kann nicht mehr vollständig – passiv – herausströmen. Sie muß vielmehr gegen den Widerstand der verengten Bronchien mit Muskelkraft herausgepreßt werden. Das Gefühl, während eines Anfalls wie ein Ball aufgepumpt zu sein, ist sicher auch ein Grund dafür, daß er den nächsten Anfall fürchtet – Angst wiederum hat die Muskelverkrampfung zur Folge.

Entspannung der Bronchialmuskulatur

Mit Hilfe des Autogenen Trainings kommt es zur Entspannung der Bronchialmuskulatur. Durch Einüben der Atemeinstellung gewinnt der Atemvorgang allmählich seinen selbständigen Charakter zurück. Gezielte Übungen mit speziellen Formeln können zusätzlich eine Abschwellung der Schleimhaut und damit eine Verminderung des in den Bronchien abgelagerten Schleims bewirken. Die Angst des Asthmakranken vor seinem nächsten Anfall kann abgebaut werden.

Zum Erlernen des Autogenen Trainings bedarf der Asthmakranke unbedingt der Unterweisung durch einen erfahrenen Arzt. Häufig wird diese Unterweisung sogar unter stationären Bedingungen erfolgen müssen.

Autogenes Training als Teil der Asthma-Therapie

Natürlich ist Asthmakranken mit Autogenem Training allein nicht geholfen; es gibt schwere und leichtere Ausprägungen dieser Erkrankung; nicht jeder Patient lernt, einem drohenden Asthmaanfall mit Hilfe des Autogenen Trainings entgegenzuwirken. In jedem Fall kann diese Methode aber als Teil der Asthmatherapie gelten, bei der die medikamentöse sowie die krankengymnastische Behandlung einen großen Stellenwert einnehmen.

Bei Rheuma

Haupt-symptom Schmerz

Sowohl bei der rheumatischen Gelenkentzündung (chronische Polyarthritis) und dem akuten Gelenkrheumatismus als auch bei dem sogenannten Weichteilrheumatismus spielen Schmerzen, eine erhöhte Muskelspannung und Schwellungen der Gelenke die zentrale Rolle im Krankheitsgeschehen. Das wichtigste bei der Behandlung der rheumatischen Erkrankungen ist die Bewegung. Wie aber kann ein Mensch dazu motiviert werden, die notwendige Gymnastik und speziell die Übungen für das erkrankte Gelenk Tag für Tag durchzuführen, wenn ihm bereits das Heben des Armes oder nur ein Schritt Schmerzen bereitet? Bei schweren Verlaufsformen der Erkrankung muß der Arzt mit Hilfe von Schmerzmitteln seinem Rheumapatienten die Bewegung erträglich machen, immer jedoch sollte versucht werden, ohne viele Schmerzmittel auszukommen. Das Autogene Training mit seiner muskelentspannenden, gefäßerweiternden und schmerzlindernden Wirkung kann dem Patienten eine wesentliche Hilfe vermitteln.

Muskelent-spannend, gefäß-erweiternd, schmerz-lindernd

Bei weiteren Erkrankungen

Im folgenden eine kurze Zusammenstellung weiterer Funktionsstörungen und Erkrankungen, bei deren Behandlung das Autogene Training erfolgreich eingesetzt werden kann: funktionelle Herzbeschwerden wie Herzjagen, Herzrasen, Herzstolpern, die Angina pectoris (die »Brustenge«) und der Herzinfarkt (Seite 71).

Hilfe nach dem Herzinfarkt

Vor allem nach dem Herzinfarkt kann Autogenes Training sehr wichtig sein. Jeder Infarktpatient lebt zunächst in Angst vor einem Reinfarkt. Hinzu kommt bei vielen Patienten gerade nach diesem Ereignis Existenzangst, die Angst, im beruflichen oder persönlichen Bereich zu »versagen«. Die innere Ausgeglichenheit, die ihm das Autogene Training vermittelt, kann dem Patienten helfen, diese Angst abzubauen und die notwendige Umstellung seiner Lebensweise leichter zu bewältigen.

Autogenes Training sollte aber stets erst nach Rücksprache mit dem Arzt und natürlich, wie bei allen in diesem Kapitel beschriebenen Krankheiten, unter sachkundiger Vermittlung erlernt werden.

Störungen und Erkrankungen des Verdauungstraktes

Auch bei chronischer Magenentzündung (Gastritis), bei Magen- und Dünndarmgeschwüren, bei Reizkolon sowie bei Dünndarmentzündung (Illeitis terminalis), bei der geschwürigen Dickdarmentzündung (Colitis ulcerosa) sowie unter Umständen bei chronischer Verstopfung kann die Behandlung durch Autogenes Training wirkungsvoll ergänzt werden, außerdem beim nervösen Atemsyndrom und bei Beweglichkeitsstörungen der Speiseröhre (Globusgefühl, Luftschlucken).

Bei Verspannungen und Störungen der Sexualität

Auch bei Kopfschmerzen, psychogenen Schulter-, Kreuz- und Rückenschmerzen, bei Schlafstörungen (Seite 63) und verschiedenen Störungen der Sexualität wie psychogene Impotenz, vorzeitige Ejakulation, Vaginismus, Regelschmerzen kann Autogenes Training in die Behandlung einbezogen werden, sowie bei muskulärem Schiefhals, Schreibkrämpfen, allergischen Erkrankungen, Hautekzem und funktionellen Blasenbeschwerden. Die Möglichkeit der Therapie mit Autogenem Training des funktionell Sprachgestörten (Stotterers) wurde bereits ausführlich dargestellt (Seite 60).

■ Zum Schluß sei ein Satz von Professor Langen zitiert:
Nicht jede Krankheit, die psychosomatisch sein kann, ist es auch!

Bei seelischen Störungen (»Neurosen«)

Grundsätzlich ist das Autogene Training bei allen Formen von seelischen Störungen als Therapie zu empfehlen. Es hängt jedoch weitgehend vom Einzelfall ab, mit welchen psychotherapeutischen Methoden es kombiniert wird.
Die folgende Zusammenstellung soll nur einen groben Überblick über die wichtigsten seelischen Störungen geben:

- Abnorme seelische Reaktionen (Fremdneurosen), zum Beispiel depressive Erlebnisreaktionen, Konfliktreaktionen, wie sie bei Studium und Prüfung auftreten können.

Seelische Belastungen gefährden den Organismus

- Abnorme seelische Entwicklungen (Rand- und Schichtneurosen), zum Beispiel Phobien, Zwangssyndrome – wobei die Wirksamkeit des Autogenen Trainings jedoch meist eingeschränkt ist –, hysterische Syndrome und andere.
- Abnorme Persönlichkeitsentwicklungen – Persönlichkeitsstörungen (Kern- oder Charakterneurosen), wie sie beispielsweise bei selbstunsicheren, hypochondrischen und depressiven Persönlichkeiten vorliegen.

Obwohl die folgenden Verhaltensweisen per se keine Erkrankungen sind, liegt ihnen häufig eine neurotische Anlage zugrunde; das Autogene Training kann hier ebenso stabilisierend wirken wie bei den anderen psychischen Problemen:

- Sexuelle Verhaltensabweichungen,
- Alkoholmißbrauch,
- Medikamenten- und Drogenabhängigkeit.

Bei Schmerz

Schmerz ist immer sowohl ein körperliches als auch ein seelisches Geschehen zugleich (Langen).

Die außerordentlich komplexe Natur des Schmerzes soll hier nicht ausführlich erörtert werden – nur auf einige wichtige Dinge möchte ich hinweisen.

Schmerz ist mit naturwissenschaftlichen Methoden nicht vollständig erfaß- oder meßbar. Immer ist er zusammengesetzt aus einem schmerzverursachenden Reiz als »Sender« und dem Bewußtsein des Betroffenen als »Empfänger«. Die Schmerzempfindlichkeit, die Reizschwelle für einen Schmerz, ist individuell verschieden. Außerdem schwankt die Fähigkeit eines Menschen, Schmerzen zu ertragen, mit seiner jeweiligen seelischen Verfassung. Ist das Allgemeinbefinden schlecht, die seelische Verfassung labil, dann kann ein Schmerz intensiver empfunden werden als in einer Phase ausgeglichener Gelassenheit und guter körperlicher Verfassung. Auch die Tageszeit spielt beim »Schmerzerlebnis« eine Rolle. Auf einen so starken Reiz, wie er ausgelöst werden kann durch Schmerz, reagiert unter anderem das vegetative Nervensystem (Seite 11) mit Atembeschleunigung, Anstieg der Herzfrequenz und Schweißausbruch.

Schlechtes Allgemeinbefinden – intensiver Schmerz

Die nachweisliche therapeutische Wirkung des Autogenen Trainings bei verschiedenartigen Schmerzen läßt sich vor allem durch zwei Mechanismen erklären:

Zwei Mechanismen –

- Psychologisch: Wie bereits erklärt, führt das Autogene Training zu einer Einengung des Bewußtseins (Seite 38). Es gelingt dem Übenden zunehmend, seine Gedanken auf einen selbstgewählten Punkt zu fixieren; alle übrigen Gedanken und Wahrnehmungen geraten dabei ins Halbdunkel – so auch der Schmerz. Das Beispiel von der allmählichen Abdunkelung einer Bühne, auf deren Mitte ein hellstrahlender Punktscheinwerfer gerichtet ist, erläutert das Prinzip sehr anschaulich (Seite 38).
- Physiologisch: Die Muskelentspannung führt zu einer Abnahme der zentripetalen Weckreaktion (arousal reactions, Seite 53), hierdurch wird der allgemeine Wachheitsgrad (Vigilanz) gesenkt.

Dies wiederum wird bestimmten Gehirnzentren (Thalamus, limbisches System) mitgeteilt, wo der Sitz der Schmerzempfindung und der gefühlsmäßigen (affektiven) Schmerzwahrnehmung und -verarbeitung angenommen wird. Die affektive Resonanzdämpfung des Autogenen Trainings führt zu einer »Entkoppelung« des Schmerzerlebnisses – subjektive Schmerzempfindung und Schmerzlokalisation werden »entflochten«.

– sind an der Schmerzlinderung beteiligt

Jemand, der Schmerzen empfindet – so läßt sich dies vereinfacht erklären –, könnte nach dem Erlernen des Autogenen Trainings sagen: »Ich spüre den Schmerz zwar noch, aber er tut mir nicht mehr so weh«.

Narkose und Schmerz

Die schmerzlindernde Wirkung des Autogenen Trainings spielt vor allem in der Anästhesie (Ausschaltung der Schmerzempfindung durch Narkose) und bei der Analgesie (Aufhebung der Schmerzempfindung) eine Rolle; bei Gabe von Narkosemitteln und gleichzeitiger Anwendung von Autogenem Training werden weniger Medikamente zur Schmerzausschaltung gebraucht. Zahnschmerzen lassen sich durch Autogenes Training ebenso vermindern oder beheben wie verschiedene Formen von Kopfschmerzen. Vor allem beim Spannungskopfschmerz führt das Autogene Training auch aufgrund seiner Gefäßwirksamkeit sehr häufig zu Schmerzfreiheit. Vor allem aber chronische Schmerzzustände, die eine langfristige Einnahme von hochdosierten Schmerzmitteln erfordern, können durch Autogenes Training positiv beeinflußt werden.

Bei der Geburt

Leichtere Geburt –

Gerade in der Geburtshilfe hat sich das Autogene Training, wenn es während des Geburtsvorganges praktiziert wird, sehr positiv ausgewirkt. In Geburtsvorbereitungskursen wird den Schwangeren, meist in Verbindung mit speziellen gymnastischen Übungen, das Autogene Training vermittelt. Die wichtigsten Ergebnisse der durchgeführten umfangreichen Untersuchungen*:

- Der Geburtsschmerz nahm bei über eintausend beobachteten Geburten, vor allem in den ersten beiden Dritteln der Eröffnungsperiode, eindeutig ab.
- Die Gesamtzeit des Geburtsvorgangs verkürzte sich um durchschnittlich zwei Stunden.
- Im Vergleich zu anderen Frauen benötigten Gebärende, die sich des Autogenen Trainings bedienten, um etwa 30 Prozent weniger Wehentätigkeit zur Geburt ihres Kindes.

– durch Entspannung

*Nach H.J. Prill, Correlationes Psychosomaticae, Herausgeber W. Luthe (1965)

Wann Autogenes Training nicht helfen kann

Bei welchen Erkrankungen ist eine Behandlung mit Autogenem Training nicht anzuraten, beziehungsweise bei welchen Erkrankungen ist es unter Umständen sogar kontraindiziert?
Die echten Gemüts- und Geisteskrankheiten können nur in Ausnahmefällen mit Hilfe des Autogenen Trainings behandelt werden. Für Patienten, die an einer endogenen Depression, einer Schizophrenie oder einer »körperlich begründbaren« Psychose leiden, wie sie bei Hirntumoren oder schweren Hirnverletzungen auftreten kann, kommt Autogenes Training nicht in Frage!
Neben Patienten mit diesen echten Geistes- und Gemütskrankheiten ist eine weitere Gruppe von Patienten zu erwähnen, die durch eine abnorm gesteigerte Gewissenhaftigkeit charakterisiert sind.

Innere Zwänge behindern die Entspannungsfähigkeit

Wir bezeichnen dieses Krankheitsbild als »Zwangssyndrom«. Bei leichteren Formen kann die Durchführung des Autogenen Trainings versucht werden, bei allen schwereren aber sollte man es nicht praktizieren. Denn gerade die abnorm gesteigerte Gewissenhaftigkeit dieser Menschen und ihr ständiges Bedürfnis, Vorgänge zu kontrollieren, stehen der im Autogenen Training geforderten passiven Konzentration entgegen: Je mehr Mühe oder gar Verbissenheit in die Realisierung verschiedener Phänomene des Autogenen Trainings gesetzt wird, desto weniger wird erreicht.
Bei frischen Herzinfarkten und dekompensierten Herzleiden ist eine Zurückhaltung in der Anwendung des Autogenen Trainings zu empfehlen.
Bei den gerade erwähnten Krankheiten kann man davon ausgehen, daß die Patienten sich in strenger klinischer Behandlung befinden – in jedem einzelnen Fall muß der behandelnde Arzt die Entscheidung treffen, ob durch die Anwendung von Autogenem Training eine Hilfe zu erwarten ist. Wir erleben es immer wieder, daß das Autogene Training selbst in aussichtslosen Fällen eine Hilfe darstellen kann, weil es den einzelnen infolge der Selbstversenkung in die Lage versetzt, schwere Krankheitszustände wenn schon nicht zu überwinden, so doch besser zu ertragen.

Der Arzt entscheidet

Wege zur Selbsthilfe

Neben der Ausschöpfung aller diagnostischen und therapeutischen Möglichkeiten zur Behandlung einer Krankheit gewinnen übende, die Selbstheilungstendenzen des Patienten fördernde Verfahren wie das Autogene Training immer mehr an Bedeutung.

Schon heute ist diese leicht lehr- und lernbare, Seele und Körper des Menschen gleichermaßen erfassende Methode die am häufigsten angewandte Form der Psychotherapie. Sie stellt auch für den nicht tiefenpsychologisch geschulten Arzt das Rüstzeug dar für eine umfassende Behandlung seiner Patienten und vertieft das Vertrauen, das Basis sein muß für eine beide Partner befriedigende Arzt-Patient-Beziehung.

Rüstzeug für den Arzt

Nachwort des Autors an die Kollegen

Ärzte und Therapeuten unter den Lesern dieses Buches werden sich zumindest zwei Fragen stellen:

- Warum Beschränkung auf die Grundübungen?
- Warum ein weiteres ein Buch über Autogenes Training?

Bereits im Vorwort ist kurz begründet, warum sich das Autogene Training, wie es in diesem Buch vermittelt wird, auf die Ruhe-, Schwere-, Wärme- und Atem-Übungen beschränkt. Langjährige eigene praktische Erfahrungen mit dem Autogenen Training, aber auch wissenschaftliche Untersuchungen sprechen für eine vereinfachte Form dieser konzentrativen Selbstentspannung; meine Argumente dafür möchte ich hier zusammengefaßt darstellen.

Warum vereinfachte Form?

- Durch das Weglassen der Organübungen wird die Konzentrationskette wesentlich kürzer.
- Paradoxe Reaktionen beim Einüben der Herz-Bauch-Stirn-Übungen stellen oft den Erfolg der gesamten Bemühungen in Frage. Während es beim Erlernen der Ruhe-Schwere-Wärme-Atem-Übungen in der Regel keine Schwierigkeiten gibt, kommt es bei den Organübungen relativ häufig zu negativen Reaktionen. Zum Beispiel reagieren funktionell Herzgestörte bei der Herzübung oft mit Angst und Pulsbeschleunigung, Menschen mit nervösen Magenbeschwerden neigen bei der Sonnengeflechtsübung zu einer vermehrten Anspannung, und bei der Stirnkühleübung kommt es nicht selten zu Kopfschmerzen. Das Auftreten dieser unerwünschten Erscheinungen und Schwierigkeiten bei den Organübungen wird von erfahrenen Ärzten, auch wenn sie sich weiterhin der Schultzschen Originalmethode verpflichtet fühlen, bestätigt.

Beschränkung auf die Grundübungen

Stirnkühle – ein psychologisches Phänomen

- Die Stirnkühleübung hat erwiesenermaßen kein physiologisches Korrelat. Eine Untersuchung von Mann et al (1989), die bei einer großen Zahl von langzeittrainierten Probanden vorgenommen wurde, ergab, daß es bei der Stirnkühleübung nicht zu einer Abkühlung, sondern – im Gegenteil – zu einer Erwärmung der Stirn kommt. Es dürfte sich beim subjektiven Empfinden der Stirnkühle somit um ein psychologisches Phänomen handeln. Das kann darauf beruhen, daß sich die Stirn im Vergleich zum übrigen Gesicht weniger erwärmt; was der Übende als »Stirnkühle« empfindet.
- Eine nicht geringe Zahl der Menschen, die das Autogene Training einschließlich aller Organübungen zu erlernen versuchten, berichteten, daß sie bei den Herz-Bauch-Stirn-Übungen zwar keine der soeben beschriebenen negativen Reaktionen erlebten, aber auch keine positiven wie bei den Ruhe-Schwere-Wärme-Übungen. Das mag an einer zu hohen Erwartungshaltung der Übenden liegen, die sich von den Organübungen meist sehr viel versprechen. Eine logische Erklärung wäre auch, daß das »Erfolgserlebnis« bereits früher auftrat – nämlich beim Umschaltvorgang mit den Ruhe-Schwere-Wärme-Übungen.

Schwer erlebbare Umschaltung bei Durchführung der Organübungen

Die hier geschilderten Nachteile bei der Anwendung aller Organübungen für den Anfänger haben zu der Beschränkung des Autogenen Trainings auf die Grundübungen einschließlich der Atem-Übung geführt. In langjährigen Erfahrungen haben wir die Beobachtung gemacht, daß ein wesentlich höherer Prozentsatz der Übenden dann beim Autogenen Training verbleibt, wenn lediglich die Ruhe-Schwere-Wärme-Atem-Übungen vermittelt werden. Da das Wichtigste des Autogenen Trainings das regelmäßige Üben ist, war somit ein Weg gefunden, möglichst viele Menschen an den Übungen zu halten.

Entscheidend in diesem Zusammenhang war die Erkenntnis, daß es bereits allein mit den Übungen der Grundstufe einschließlich der Atem-Übung zur Muskel- und Gefäßentspannung und damit zum gewünschten Umschaltprozeß kommt. Das konnte durch viele Untersuchungen immer wieder bestätigt werden.

An dieser Stelle ist auch eine sehr detaillierte und ausführliche Untersuchung (Schrapper und Mann, 1985) zu erwähnen: Im Vergleich zu einer Kontrollgruppe von Probanden, die kein Autogenes Training machten, konnte bei den Personen, die die vereinfachte

Form des Autogenen Trainings übten, eine Abnahme von Ängstlichkeit, Deprimiertheit, Müdigkeit, Erregtheit und eine Zunahme von Aktivität, Selbstsicherheit und Extrovertiertheit festgestellt werden.

Die hier beschriebenen Erfahrungen und die erwähnten Untersuchungen sprechen eindeutig dafür, daß sich Anfänger der in diesem Buch vorgestellten vereinfachten Form des Autogenen Trainings bedienen sollten. Damit ist selbstverständlich nicht ausgeschlossen, daß jemand, der die Grundübungen bereits beherrscht, später auch alle Organübungen erlernen kann, um die in der Ruhe-Schwere-Wärme-Atem-Übung erfolgte Umschaltung im Organbereich zu vertiefen; er sollte aber die Herz-Bauch-Stirn-Übungen nur mit Hilfe eines erfahrenen Lehrers einüben.

Keine Experimente auf eigene Faust

Warum ein weiteres Buch?

Da diese Frage, selbst nach der soeben dargestellten Begründung für die vereinfachte Form des Autogenen Trainings, nicht unberechtigt ist, möchte ich kurz erläutern, warum ich dieses Buch geschrieben haben.

Bis 1970, dem Todesjahr von J.H. Schultz, sind nur wenige Bücher über das Autogene Training erschienen, einige davon mit recht anspruchsvollen Titeln wie »Handbuch« oder »Lehrbuch«. Man kannte bis dahin hauptsächlich die beiden Bücher von Schultz »Das Autogene Training, konzentrative Selbstentspannung« und das »Übungsheft für das Autogene Training«, außerdem das in englischer Sprache erschienene Buch von Schultz und Luthe »Autogenic Training« und einen Sammelband zum 80. Geburtstag von Schultz, den Luthe unter dem Titel »Autogenes Training« herausgegeben hat.

Die »Klassiker« zum Thema

Nachdem der Urheber der konzentrativen Selbstentspannung gestorben war, wuchsen die Bücher über das Autogene Training wie Pilze aus der Erde. »Der Vater ist tot, nun freuen sich die Kinder, daß sie auch ihre Meinung drucken dürfen« – diese Erklärung klingt vielleicht billig; sie ist aber sicher nicht ganz falsch. Was anhand eigener Erfahrung zu belegen ist; lassen wir aber Helmut Binder, einen treuen Gefolgsmann von Schultz, dazu etwas sagen:

»Seitdem J.H. Schultz, der Begründer des Autogenen Trainings, verstarb, sind jedes Jahr neue Schriften über das Autogene Training herausgegeben worden. Es drängt die Schüler von J.H. Schultz und andere, ihre eigenen Erfahrungen mit dem Autogenen Training bekanntzugeben. Leider sind bei diesen Ausführungen zum Teil erhebliche Abweichungen von den Grundideen von J.H. Schultz festzustellen, die nicht ohne weiteres als förderliche Entwicklung angesehen werden können.
Es erscheint mir unbedingt notwendig, die klassische Methode von J.H. Schultz wieder ganz konkret in Erinnerung zu bringen. Dazu gehören Reflexionen darüber, was Schultz in vielen Sonderbeiträgen wirklich ausgesagt hat, und was er mit seinem Autogenen Training beabsichtigte. Es gilt auch, zwischen den verschiedenen Wunschvorstellungen beim Autogenen Training und seinen eigentlichen realen Möglichkeiten zu differenzieren.«

Die Grundidee würdigen

Kein Zweifel besteht darüber, daß es in vielen Büchern über das Autogene Training zu erheblichen Abweichungen von den Schultzschen Grundgedanken gekommen ist. Sie als »Denaturierungen« zu bezeichnen, wie andere Autoren es gelegentlich tun, erscheint mir nicht immer gerechtfertigt. Es ist meiner Meinung nach durchaus natürlich und bis zu einem gewissen Punkt auch nicht zu kritisieren, daß die meisten Autoren ihre Gedanken und Erfahrungen in das jeweilige Buch eingebracht haben. So wie jeder das Recht hat, sein Autogenes Training zu lernen, so hat auch der Vermittler das Recht, seine eigenen Vorstellungen in die Übungen einzubringen. Plan und Gerüst, mit deren Hilfe ein Haus gebaut wird, sollten übereinstimmen; aber erst die individuellen Ausgestaltungen machen den uniformen Bau zu einem bewohnbaren Heim.
Ein anderes Problem muß viel ernster gesehen werden: Es betrifft die Flut von Schallplatten und Tonbändern, die vorgeben, Autogenes Training zu vermitteln. Hier wird jedoch über die Stimme des Übungsleiters eine Heterosuggestion erzielt, die den Übenden in eine nicht gewollte Abhängigkeit bringt. Die Ablösung von diesem Suggestor, ja, man ist geneigt, »Hypnotisator« zu sagen, dürfte wesentlich schwieriger sein als die von einem Menschen aus Fleisch und Blut. Man kann ihn, den Tonbandsprecher, ja immer in der Tasche tragen und auf Knopfdruck seine Stimme abrufen.

»Denaturierung« des autogenen Charakters der Methode

Hier muß man tatsächlich von einer »Denaturierung« des autogenen Charakters dieses Verfahrens sprechen; es hat mit dem, was

J.H. Schultz unter autogenem Training verstand, nur noch wenig zu tun. Wer diese Ausführungen für übertrieben hält, höre sich einmal die Elaborate an und lasse sich von der meist unnatürlichen Stimme des Sprechers »berieseln«.

Lesen – ein kreativer, autogener Vorgang

■ Natürlich habe ich mir auch die Frage gestellt, ob ein Buch das geeignete Medium zur Vermittlung des Autogenen Trainings sein kann oder ob es immer eine vortragende Person sein muß, die es dem Übenden nahebringt. Es besteht kein Zweifel daran, daß die persönliche Vermittlung schon immer ein zentrales Element des Autogenen Trainings gewesen ist; daß sie jedoch über das gesprochene Wort gehen muß, steht nirgends geschrieben. Vielleicht wird das Autogene, das von vielen Autoren so hoch, um nicht zu sagen »heilig« gehalten wird, beim Lesen eines geschriebenen Wortes sogar besser erkennbar.

Das sind die Gedanken, die mich bewogen haben, ein neues Buch über das Autogene Training nach Schultz zu schreiben. Ich tat es in der Hoffnung, daß es dem Menschen unserer Zeit Nutzen bringt.

Mainz, im Februar 1980
Prof. Dr. med. Dietrich Langen

Am 20. März 1980 verstarb Herr Professor Langen. Bis zuletzt war er in Therapie, Lehre und Forschung an prominenter Stelle tätig. Die von ihm erarbeitete gezielte oder steuernde Analyse, das Autogene Training und die von Prof. Dr. Dr. med. Ernst Kretschmer entwickelte Gestufte Aktivhypnose waren Schwerpunkte einer außerordentlich fruchtbaren Forschertätigkeit. Nach über vierzigjähriger Erfahrung mit der ärztlichen Vermittlung des Autogenen Trainings beschäftigten ihn in den letzten Jahren mehr und mehr Überlegungen, wie das Autogene Training den Menschen direkt und auf unkomplizierte Weise zugänglich zu machen sei. Diese Überlegungen führten schließlich zu der vereinfachten Form des Autogenen Trainings, die er in dem Manuskript für dieses Buch niederlegte. Die Bitte von Frau Margarethe Langen und die des Verlages, das von Herrn Professor Langen hinterlassene Manuskript zu überarbeiten und zu ergänzen, bedeuteten für mich sowohl Verpflichtung als auch ehrende Aufgabe, die ich selbstverständlich gerne, auch für die vorliegende Neuausgabe übernommen habe.

Prof. Dr. med. Karl Mann

Zum Nachschlagen

Bücher, die weiterhelfen – für den Fachmann und den Laien

Bei den bibliographischen Angaben zu den wissenschaftlichen Publikationen wurden die international gebräuchlichen Abkürzungen verwendet.

Barolin, G.S., Hirnelektrisches Korrelat in hynoiden Zuständen, Fortschr. Neur. Psychiat. 4, 228-246 (1968).

Barolin, G.S., Autogenes Training heute, Münch. med. Wschr. 120, (1978).

Binder, H., Seminar über Gruppentherapie mit dem autogenen Training und Einführung in die Hypnose, 3. Auflage, Lehmann Verlag, München (1971).

Brand, Pater Ulrich, Eutonie – natürliche Spannkraft, Gräfe und Unzer Verlag, München (1992).

Carruthers, M., Die kardioprotektive Wirkung des Autogenen Trainings, 2. Allg. Med. 64, 575-579 (1988).

Cardas, Elena, Atmen – Lebenskraft befreien, Gräfe und Unzer Verlag, München (1993).

Coué, E., Ce que j'ai fait, Verlag Pierson, Nancy, (1924).

Heimann, H., Th. Spoerri, Elektroencephalografische Untersuchungen an Hypnotisierten, Mschr. Psychiat. Neurol. 4, 261 (1953).

Huth, A. und W., Meditation – Begegnung mit der eigenen Mitte, Gräfe und Unzer Verlag, München (1989).

Esther, Jenny; Keshava, Dessapa, Yoga – Grundkurs für Anfänger, Gräfe und Unzer Verlag, München (1992).

Kretschmer, E., Gestufte Aktivhypnose, in: Handbuch der Neurosenlehre, Band 4, Verlag Urban und Schwarzenberg, München (1959).

Langen, D., Archaische Ekstase und asiatische Meditationen, Hippokrates Verlag Stuttgart (1963).

Langen, D., (Hrsg.). Der Weg des Autogenen Trainings, Wiss. Buchges. Darmstadt (1968).

Langen, D., Th. Spoerri (Hrsg.), Hypnose und Schmerz, Karger Verlag, Basel (1968).
Langen, D., Gestufte Aktivhypnose, 4. Auflage, Thieme Verlag, Stuttgart (1972).
Langen, D., Kompendium der medizinischen Hypnose, Karger Verlag, Basel (1972).
Langen, D., Psychotherapie, 4. Aufl. Thieme Verlag, Stuttgart (1978).
Luthe, W. (Hrsg.), Autogenes Training, Correlationes Psychosomaticae, Thieme Verlag, Stuttgart (1965).
Mann, K., F. Stetter, Thermografische Befunde beim autogenen Training in Abhängigkeit von der Tagesperiodik, Therapiewoche 32 (1982) 16, 2232-2238.
Mann, K., G. Piepenhagen, D. Sikorski, S. Taubert, M. Bartels, Experimentelle Untersuchung zur Stirnkühle im Autogenen Training, Psychotherapie und Psychologie 39 (1989), 266-267.
Polzien, P., Über die Physiologie des hypnotischen Zustands als eine exakte Grundlage für die Neurosenlehre, Karger Verlag, Basel (1959).
Prill, H.J., Das autogene Training zur Geburtsschmerzerleichterung in: Der Weg des autogenen Trainings (Hrsg. D. Langen), 216-228, Wiss. Buchges. Darmstadt (1968).
Schrapper, D.K., K. Mann, Veränderungen der Befindlichkeit durch autogenes Training, Psychother. med. Psychol. 35 (1985), 268-272.
Schultz, I.H., Schichtenbildung im hypnotischen Selbstbeobachten, Mschr. Psychiat. Neurol. 49 (1921), 137-143.
Schultz, I.H., Das Autogene Training, 16. Auflage, Thieme Verlag, Stuttgart (1979).
Triebel-Thome, Anna, Feldenkrais – Bewegung, ein Weg zum Selbst, Gräfe und Unzer Verlag, München (1993).
Uexküll, Th. v., Lehrbuch der psychosomatischen Medizin, Verlag Urban & Schwarzenberg, München (1979).
Vollmar, Klausbernd, Chakren – Lebenskraft und Lebensfreude aus der eigenen Mitte, Gräfe und Unzer Verlag, München (1989).
Vollmar, Klausbernd, Autogenes Training mit Kindern, Gräfe und Unzer Verlag, München (1994).

Sachregister

Die Autoren

Prof. Dr. med. Dietrich Langen, 1913 – 1980; Medizindstudium; Oberarzt an der Universitäts-Nervenklinik Tübingen; von 1965 bis zu seinem Tode Ordinarius für Psychotherapie und medizinische Psychologie, Direktor der Klinik und Poliklinik für Psychotherapie, Universität Mainz.
Zahlreiche Ehrenmitgliedschaften und Veröffentlichungen.
Dr. med. Karl Mann, Jahrgang 1948. Medizinstudium mit Auslandsaufenthalten; Schüler und Mitarbeiter von Prof. Langen. Oberarzt an der Universitäts-Nervenklinik Tübingen. 1990 Habilitation und Lehrauftrag.

Lizenzausgabe für Gondrom Verlag GmbH, Bindlach 2003
Redaktion: Doris Schimmelpfennig-Funke, Verena Zemme
Korrektorat: Franz Drössler
Fotos: Michael Nischke, Mauritius (Seite 34), Dietrich Zernecke (Seite 68)
Layoutkonzept: Heinz Kraxenberger
Covergestaltung: Monika Hagen

ISBN 3-8112-1915-4

Der Umwelt zuliebe gedruckt auf chlorfrei gebleichtem Papier.